Forum Erziehungswissenschaft und Bildungspraxis

Band 4

Forum Erziehungswissenschaft
und Bildungspraxis

Herausgegeben von Sibylle Rahm

Band 4

University of Bamberg Press 2012

Qualitätsentwicklung an Ganztagsschulen

Herausgegeben von Markus Heibler und Tanja Schaad

im Auftrag des Bamberger Zentrums für Lehrerbildung BAZL, des Forchheimer Bildungsfördervereins FOrsprung e.V., des Bayerischen Staatsinstituts für Schulqualität und Bildungsforschung
und des Lehrstuhls für Schulpädagogik der Otto-Friedrich-Universität Bamberg

University of Bamberg Press 2012

Über die Herausgeber:

Dr. phil. Markus Heibler ist Diplom-Soziologe und leitet im Bamberger Zentrum für Lehrerbildung (BAZL) die Abteilung für Organisationsentwicklung und Qualitätssicherung.

Tanja Schaad ist Lehrerin und Mitarbeiterin in der Grundsatzabteilung des Staatsinstituts für Schulqualität und Bildungsforschung, München.

Bibliographische Information der Deutschen Nationalbibliothek

Die Deutsche Nationalbibliothek verzeichnet diese Publikation in der Deutschen Nationalbibliographie; detaillierte bibliographische Informationen sind im Internet über http://dnb.ddb.de/ abrufbar

Dieses Werk ist als freie Onlineversion über den Hochschulschriften-Server (OPUS; http://www.opus-bayern.de/uni-bamberg/) der Universitätsbibliothek Bamberg erreichbar. Kopien und Ausdrucke dürfen nur zum privaten und sonstigen eigenen Gebrauch angefertigt werden.

Herstellung und Druck: Digital Print GmbH, Nürnberg
Umschlaggestaltung: Dezernat Kommunikation und Alumni der Otto-Friedrich-Universität Bamberg
Umschlagfoto: Tanja Schaad 2012

© University of Bamberg Press Bamberg 2012
http://www.uni-bamberg.de/ubp/

ISSN: 1866-9468
ISBN: 978-3-86309-120-0 (Druckausgabe)
eISBN: 978-3-86309-121-7 (Online-Ausgabe)
URN: urn:nbn:de:bvb:473-opus4-28311

Inhalt

Sibylle Rahm — 7
Vorwort

Markus Heibler, Tanja Schaad — 9
Einleitung

Abschnitt I — 21

Jürgen Abel, Markus Heibler, Gerhard Koller, Christian — 23
Nerowski, Anke Penczek, Sibylle Rahm
Erwartungen an Ganztagsschule. Ergebnisse des Projekts
„Modellregion Ganztagsschule"

Natalie Fischer, Markus N. Sauerwein, Désirée Theis — 47
Ganztagsschule zwischen Erwartungen und Realität – Ein
Überblick über Ergebnisse der Studie zur Entwicklung von
Ganztagsschulen (StEG)

Abschnitt II — 61

Silvia Dollinger — 63
„Gute" Ganztagsschule auf dem Weg?
– Die Frage nach Schlüsselfaktoren einer innovativen Ganztagsschulentwicklung

Susanne Dobelke — 79
Prävention statt Reparatur – Einführung einer qualitativ
hochwertigen Mittagsverpflegung mit Erfahrungen aus der
Modellregion Landkreis Coburg

Cornelia Rauscher — 91
Mit Expertenhilfe zur besseren Schulverpflegung – Qualitätssicherung in der Mittagsverpflegung mit
Erfahrungen aus dem Modellprojekt Coaching

Silvia Krämer 107
„Eat ... and more" – Schüler nehmen ihre
Mittagsverpflegung selbst in die Hand

Abschnitt III 115

Johann Wolfgang Robl 117
Lernen, leisten, lachen – der Ganztag bringt's
oder: Aus der Schule geplaudert ...

Klaus Bruno Dierl 129
Veränderte Unterrichtskultur / Rhythmisierung
– Ganztagsschule als Bildungseinrichtung
und Lebensort

Sabine Bodenmeier 145
Konzeptentwicklung – auch veränderte
Zeitstrukturen und Rhythmisierung

Nadine Gässler, Judith Müller 155
Die Organisation der schulischen Lernzeit
unter dem Aspekt der Hinführung
zum selbstständigen Lernen

Günther Leo Redolfi 163
Die Förderung der Sozialkompetenz und
der Umgang mit verhaltensschwierigen Kindern
Qualitätsentwicklung am Beispiel der Friedrich-
Rückert-Volksschule (Grundschule) Schweinfurt

Rainer Schatz 177
Schwierige Schüler – Präventionsarbeit auch durch Freizeitgestaltung

Jürgen Findeiß 189
Arbeit mit schwierigen Schülern

Barbara Baur-Huther, Katja Köhler, Lorenz Weiß 197
Lernwerkstatt Mittelschule Strullendorf

Karin Thiem 205
Leseförderung in der Ganztagsschule

Peter Claßen, Ingeborg Hoffmann, Matthias Luther 213
Ganztag – Mehr Zeit für mehr – Zeit für Bläserklassen
an der Mittelschule Hammelburg

Abschnitt IV 225

Claus Binder 227
Kooperation mit externen Partnern – Chancen und Grenzen

Claudia Kreutzer 233
Qualitätsmerkmale schulbezogener Jugendarbeit aufgezeigt
an den aus dem Fachprogramm des Bayrischen Jugendrings
geförderten Projekten

Renate Ahlmer, Ingrid Haunschild 243
Veränderte Unterrichtskultur
– Kooperation mit externen Partnern

Irmgard Keefer, Kornelia Zaloga 251
Unterrichtsergänzende Angebote in einer gebundenen Ganztagsschule durch externe Partner
(Best-Practice-Beispiele)

Programm der Tagung 261

Sibylle Rahm

Vorwort

Aus der Perspektive einer Theorie der Schulentwicklung ist die Reform der gesellschaftlichen Einrichtung Schule eine Notwendigkeit, die sich aus dem gesellschaftlichen Wandel ergibt. Die Schule sorgt nicht nur für den Fortbestand des Status Quo, sondern sie ist auch orientiert auf Innovationen, die den gesellschaftlichen Wandel unterstützen. Sie erbringt Leistungen, die auf zukünftige Aufgaben der Gesellschaftsmitglieder hin ausgerichtet sind. Schulentwicklung ist damit auch immer verknüpft mit gesellschaftlichen Debatten um sozialen Wandel und die Funktionen des Bildungswesens.

Das Modell Ganztagsschule, das wie andere Reformmodelle der Vergangenheit auf gesellschaftliche Herausforderungen antwortet, wird in der aktuellen Bildungsdebatte kontrovers diskutiert. Vor dem Hintergrund ausgefeilter Modelle zum Qualitätsmanagement an lernenden Schulen wird nach den Dimensionen einer guten Ganztagsschule gefragt. Die internationale Debatte um die Qualität von Schule und Unterricht bietet einen Rahmen, innerhalb dessen Ganztagsschulentwicklung stattfinden kann. Doch Standards und Merkmale guter (Ganztags-)Schulen entheben die Bildungsinstitutionen nicht der Aufgabe, Qualität vor Ort selbst zu entwickeln. Qualitätsentwicklung an Ganztagsschulen, das Thema des dritten bayerischen Ganztagsschulkongresses, ist also angewiesen auf Erfahrungsberichte aus der Praxis ebenso wie auf theoretische und empirische Untersuchungen.

Der Tagungsband wird beiden Perspektiven gerecht. Während auf der einen Seite Praxisberichte zu Entwicklungsverläufen und den Möglichkeiten kooperativer Qualitätsentwicklung an pädagogischen Einrichtungen stehen, versammeln sich auf der anderen Seite wissenschaftliche Untersuchungen, die die Ganztagsschule im Kontext erziehungswissenschaftlicher Diskurse um Qualität im Bildungssektor betrachten. Der systematische Blick auf die Qualitätsentwicklung an Ganztagsschulen muss dabei die Diskrepanzen zwischen den hohen Erwartungen an das Ganztagsmodell und den empirischen Befunden betrachten. Einer kritischen Reflexion bedürfen Untersuchungsergebnisse, die auf eine Abweichung vom gesellschaftlich Gewünschten weisen.

Nicht nur die Mut machenden, sondern auch die kritischen Befunde aus der Praxis und aus der erziehungswissenschaftlichen Forschung machen das Spannende an der Diskussion um die Qualitätsentwicklung an Ganztagsschulen aus. Geht es doch um die Weiterentwicklung einer gesellschaftlichen Einrichtung, die der kontroversen Debatte bedarf, um sich begründet zu verändern.

Allen an der Tagung Beteiligten und dem/der Herausgeber/in dieses Tagungsbandes gilt deshalb ein Dank für Ihr Engagement und Ihre Ausdauer im Ringen um Antworten auf komplexe Fragen der Gelingensbedingungen eigenverantwortlicher Qualitätsentwicklung an Ganztagsschulen.

Markus Heibler, Tanja Schaad

Einleitung

Der dritte bayerische Ganztagsschulkongress zum Themenfeld *Qualitätsentwicklung an Ganztagsschulen* fand am 01. und 02. März 2012 in Forchheim statt und bot den Teilnehmerinnen und Teilnehmern auf der Basis von Vorträgen, Workshops und Schulbesuchen die Möglichkeit zu Diskussion und Austausch (vgl. Koller 2012).

Ein breites Spektrum an Anregungen zur Planung, Konzeption und schließlich Gestaltung von Ganztag(sangeboten) wurde insbesondere in Form von Good-practice-Beispielen präsentiert.
Im vorliegenden Tagungsband werden die zentralen Ergebnisse der Vorträge, Impulsreferate und Workshops aufgezeigt.
Im Unterschied zu den ersten beiden Ganztagsschulkongressen 2008 (Bosse, Mammes & Nerowski 2008) und 2010 (Nerowski & Weier 2010), die Voraussetzungen, Gelingensfaktoren und Möglichkeiten von Ganztagsschulen zum Gegenstand hatten, lag der Fokus des dritten Kongresses auf der Präsentation und Diskussion von bereits realisierten Lösungsansätzen und Gestaltungsbeispielen von Ganztagsangeboten. Kurz gesagt: „Aus der Praxis für die Praxis".

Im Zentrum des Kongresses stand also die Vorstellung gelungener Praxis durch die unmittelbar vor Ort Beteiligten. Die im bundesdeutschen Bildungssystems beobachtbaren Dezentralisierungstendenzen führen zu Konzepten bzw. Begrifflichkeiten wie „Autonome Schule" (vgl. Beetz 1997, Fend 2008), „Eigenverantwortliche Schule" (vgl. Müller 2006, Uhl 2006) oder auch „Selbstständige Schule" (vgl. Kloft & Brandes 2006).

Den Kern dieser Ansätze bildet die Verlagerung von Entscheidungs- und Gestaltungskompetenzen auf die Mikroebene. Die einzelne (Hoch-)Schule wird somit nicht mehr als nachgelagerte Behörde betrachtet. Dennoch bleibt Schule Sache des Staates.

Ziegele (2008) begrüßt die Dezentralisierung, zumal „die Problemnähe, die Informationsvorsprünge und die Eigenverantwortung (und die damit verbundene Motivation) der dezentralen Entscheidungsträger (...) das Potenzial für flexibleres, effektiveres und effizienteres Handeln im Vergleich zur ministeriellen Intervention [schaffen]"(S.15). Er sieht allerdings hier ein deutliches Spannungsfeld, da „dem jedoch ein legitimes Interesse des Staates an steuernden Eingriffen [gegenüber steht]"(ebenda).

Auch Schratz & Westfall-Greiter (2010) thematisieren diese Konfliktsituation und merken an: „Für das Schulwesen öffnet sich ein Spannungsfeld zwischen der zur Handlungsfähigkeit für Bildungs- und Erziehungsprozesse erforderlichen Autonomie von Individuen (Lehrpersonen) und Teilsystemen (Schulen) auf der einen Seite und der Verantwortung des Gesamtsystems (Ministerien als oberste Behörde) für die Sicherstellung der Umsetzung staatlicher Vorgaben (Lehrpläne etc.) auf der anderen Seite." (S.16)

Diesen gegensätzlichen Positionen scheint lediglich dadurch zu begegnen zu sein, dass das bisherige Steuerungsmodell, das gemäß Ziegele (2008, S.16f.) mit den Merkmalen Feinsteuerung, Ex-Ante-Steuerung sowie Inputorientierung beschrieben werden konnte, modifiziert wird.
Schratz & Westfall-Greiter (2010, S.20) pflichten dem bei: „Während die Autonomisierung des Schulwesens auf lokaler Ebene flexiblere Handlungsspielräume eröffnet hat, ist auf der Ebene von Schulsystemen eine Neugestaltung der Steuerung im Gange, die durch eine Verlagerung von der Inputkontrolle zu einer verstärkten Outputkontrolle gekennzeichnet ist."

Der Schwerpunkt liegt somit nicht nur bei der Betrachtung der Ergebnisse des Handelns an (Hoch-)Schulen, sondern insbeson-

dere auch bei deren Bewertung. Ein wichtiges Werkzeug bildet in diesem Zusammenhang die Evaluation. Hierbei lässt sich zwischen Selbst- oder interner Evaluation auf der einen, Fremd- oder externer Evaluation[1] auf der anderen Seite unterscheiden. Gerade die interne Evaluation scheint Schratz & Westfall-Greiter wichtig: „Die Selbstevaluation ist ein Instrument für die Qualitätsentwicklung am eigenen Standort. Sie liefert wichtige Informationen und bildet damit die Grundlage für Entscheidungen über Prozesse, Strukturen und Strategien, die zum Ziel führen. Somit löst die Selbstevaluation Entscheidungsprozesse aus, treibt sie voran oder gibt Hinweise, wie sie korrigiert werden sollen" (2010, S.66).
Fend (2008, S.217) hebt hervor, dass beide Instrumentarien in einigen Landesgesetzen fixiert sind und dabei „die herkömmliche Fachaufsicht gegenüber Schulen und Lehrern ersetzen oder zumindest ergänzen (sollen)."

Für unsere Begriffe spielt an dieser Stelle das Bewusstsein darüber eine entscheidende Rolle, dass Evaluationen primär eine Rückmelde-/Rückkoppelungsfunktion zukommt. Dysfunktional wäre es, Evaluationen zum Zwecke von „Überwachen und Strafen" (Foucault 1976) einzusetzen. Sie sollen in erster Linie einen Soll-Ist-Abgleich darstellen und die Möglichkeit zur Reflexion bieten.

Um aus Evaluationsergebnissen Good-practice-Beispiele ableiten zu können, müssen diese entsprechend kommuniziert und diskutiert werden. Freilich gibt es dabei nicht den „One-best-way", zumal Kontextfaktoren eine nicht unwesentliche Bedeutung zukommt.

Wie bereits eingangs erwähnt, boten die beiden Kongresstage in Forchheim Gelegenheit zum Austausch und zur Diskussion eigener Erfahrungen bei der Realisierung respektive Anregungen bei der Planung und Konzeption von Ganztagsangeboten. Bereits

---

[1] Siehe beispielsweise weiterführend zur Externen Evaluation an bayerischen Schulen: Staatsinstitut für Schulqualität und Bildungsforschung (ISB)(2005).

angesprochene Dezentralisierungstendenzen ebnen dabei den Weg zu einem Gestaltungsansatz, der auf die jeweiligen Gegebenheiten vor Ort zugeschnitten werden kann.
Weier & Nerowski (2010) unterstreichen in diesem Kontext die besonderen Möglichkeiten von Ganztag aus der Perspektive der Schulentwicklung: „Im Vergleich zur Halbtagsschule besitzt die Ganztagsschule auch ein größeres Potenzial, autonome Gestaltungsprozesse zu entwickeln und das Schulprofil aktiv an den Maßgaben der an der Einzelschule Beteiligten auszurichten" (S.10).

Der vorliegende Band, der eine Dokumentation der beiden Kongresstage darstellen soll, gliedert sich in insgesamt vier Abschnitte.
Im ersten Abschnitt geht es um Erwartungen, die an Ganztagsschulen gestellt werden. Im Hinblick auf Qualitätssicherung an Ganztagsschulen ist die Kenntnis dieser Erwartungen von hoher Relevanz, ist sie doch die Grundlage kooperativer Schulentwicklung.
Der zweite Abschnitt hat Fragestellungen zur Schulentwicklung und Schulorganisation zum Gegenstand.
Der dritte Abschnitt behandelt verschiedene Aspekte aus der Trias Lehren–Fördern–Lernen.
Im vierten und letzten Abschnitt schließlich wird das Themenfeld Kooperation mit externen Partnern aus unterschiedlichen Perspektiven beleuchtet.
Zunächst soll an dieser Stelle eine kurze Vorstellung der einzelnen Autorinnen und Autoren sowie eine Skizzierung der Inhalte ihrer Beiträge erfolgen:

Abschnitt I: Erwartungen an Ganztagsschulen

Das Forschungsteam um *Sibylle Rahm*, Inhaberin des Lehrstuhls für Schulpädagogik an der Universität Bamberg und Leiterin des Bamberger Zentrums für Lehrerbildung, stellt erste Ergebnisse des Projekts „Modellregion Ganztagsschule" vor. Dabei wurden in drei bayerischen Landkreisen Eltern, Lehrkräfte sowie Angehörige der Schulverwaltung nach ihren Erwartungen an die Ganztagsschule befragt.

In ihrem Beitrag „Ganztagsschule zwischen Erwartungen und Realität" geben *Natalie Fischer, Markus N. Schauerwein* und *Désirée Theis*, wissenschaftlich Beschäftigte am Deutschen Institut für Internationale Pädagogische Forschung (DIPF) in Frankfurt, einen Überblick über Ergebnisse der Studie zur Entwicklung von Ganztagsschulen (SteG). Der Fokus wird zum einen auf Aspekte der Schulentwicklung gelegt und zum anderen darauf, wie die Ganztagsschule auf die individuelle Entwicklung von Schülerinnen und Schülern – hier der Sekundarstufe I – wirkt.

Abschnitt II: Schulentwicklung und Schulorganisation

Silvia Dollinger, Akademische Rätin am Lehrstuhl für Grundschulpädagogik und -didaktik an der Universität Passau, beschäftigt sich in ihrem Beitrag mit Gelingens- aber auch Misslingensfaktoren der Ganztagsschulentwicklung und stellt dabei die Frage: „'Gute' Ganztagsschule auf dem Weg?"
Die drei nachfolgenden Beiträge befassen sich mit dem Thema Schulverpflegung. Diesen Teilabschnitt einleitend stellt *Cornelia Rauscher* von der Vernetzungsstelle Schulverpflegung Bayern/Bayerisches Staatsministerium für Ernährung, Landwirtschaft und Forsten das Modellprojekt Coaching, das mittels Expertenhilfe Qualitätssicherung in der Mittagsverpflegung zum Gegenstand hat, vor und berichtet von Erfahrungen und (Evaluations-)Ergebnissen.

Bezogen auf den oberfränkischen Kontext referiert *Susanne Dobelke* (Vernetzungsstelle Schulverpflegung Oberfranken/Amt für Ernährung, Landwirtschaft und Forsten) über Erfahrungen aus dem Projekt „Modellregion Landkreis Coburg – Schulmensa von morgen", das im Frühjahr 2010 initiiert wurde. Abgerundet wird dieser Teilabschnitt durch einen Beitrag über ein Schulverpflegungsprojekt, bei dem die Schülerinnen und Schüler maßgeblich beteiligt sind. Sie sorgen buchstäblich selbst für die Mittagsverpflegung in ihrer Schule, und nicht nur das. *Silvia Krämer*, Lehrerin und eine der beiden Patinnen dieses Projekts, stellt das Konzept der Schülerfirma „Eat and more" vor, das weit über das reine Zubereiten und Anbieten einer Mittagsmahlzeit hinausgeht.

Abschnitt III: Lehren–Fördern–Lernen

Der Titel dieses Abschnitts verrät bereits, dass er unterrichtsrelevante und erzieherische Themen aufgreift. Die Entwicklung von Konzepten, der Umgang mit schwierigen Schülerinnen und Schülern sowie fachbezogene Beispiele aus der Praxis verdeutlichen die qualitative Entwicklung im Ganztagsschulbereich.
Johann Wolfgang Robl, M. A. mult., Realschuldirektor und Studienseminarleiter an der Johann-Andreas-Schmeller-Realschule in Ismaning, betont im Besonderen das Prozesshafte an der Entwicklung als Ganztagschule. Sein Plädoyer „Lernen-Leisten-Lachen" soll anderen Schulen Mut machen den Weg zum Ausbau der Ganztagsschulen zu beschreiten.
Ganztagsschule ist mehr als eine Bildungseinrichtung – sie wird zum Lebensort. *Klaus Bruno Dierl*, Rektor der Otto-Schwerdt-Mittelschule, demonstriert anhand seines pädagogisch-didaktischen Programms die Umsetzung dieser geforderten These. Dem legt er eine sich wandelnde Unterrichtskultur zugrunde.

Dahingehend referiert auch *Sabine Bodenmeier*, Rektorin der Erich Kästner Grund- und Mittelschule Postbauer-Heng, über veränderte Zeitstrukturen im Ganztag.

Nadine Gässler und *Judith Müller* präsentieren die Umstrukturierung der schulischen Lernzeit an der Mittelschule Waldsassen. Dem Aspekt der Hinführung zum selbstständigen Lernen wird dabei eine wesentliche Bedeutung beigemessen.

Die Förderung der Sozialkompetenz und der Umgang mit verhaltensschwierigen Kindern werden von Schulleiter *Günther Leo Redolfi* dargelegt. Am Beispiel der Friedrich-Rückert-Volksschule (Grundschule) Schweinfurt zeigt er die Möglichkeiten der qualitativen Progression in diesem Bereich.
Anhand einer Vielzahl von Beispielen, illustriert mit aussagekräftigen Bildern, verdeutlicht *Rainer Schatz*, Rektor der Mittelschule Münchberg-Poppenreuth, Maßnahmen zur Stärkung der sozialen Kompetenz. Prävention durch gezielte Freizeitgestaltung ist seine Devise.

Jürgen Findeiß, Dipl.-Päd. (Univ.), Dipl.-Soz.Päd. (FH), gewährt mit seinem Beitrag einen Einblick in die Arbeit mit schwierigen Schülerinnen und Schülern.

Die drei folgenden Abhandlungen sind stark auf ein Unterrichtsfach bezogen und dienen als Ideengeber für die Unterrichtspraxis.

Barbara Baur-Huther, Lorenz Weiß und *Katja Köhler* von der Volksschule Strullendorf weisen mit ihrer Lernwerkstatt auf einen handlungsorientierten und individualisierten Mathematikunterricht hin.
Kinder zum Lesen zu animieren hat sich *Karin Thiem*, Förderlehrerin an der Mittelschule Strullendorf, als Ziel gesetzt. Sie beschreibt unterrichtliche Umsetzungsmaßnahmen um die Freude am Lesen zu fördern.

Die Mittelschule Hammelburg legt ihre Konzentration auf das Fach Musik. Im Artikel „Ganztag – mehr Zeit für mehr" wird von *Ingeborg Hoffmann*, Rektorin, *Peter Claßen*, Musiklehrer und *Matthias Luther*, Klassenlehrer im Ganztag, die Änderung des

Schulprofils dargelegt. Die musikalische Schwerpunktsetzung wird mit der Einrichtung von Bläserklassen deutlich.

Abschnitt IV: Kooperation mit externen Partnern

Insbesondere in offenen Ganztagsschulen spielt die Kooperation mit externen Partnern eine wichtige Rolle. Dabei soll eine Verzahnung der einzelnen Phasen erreicht und ein Nebeneinander ohne Berührungspunkte und Schnittmengen vermieden werden. Im ersten Beitrag dieses Abschnitts werden Chancen aber auch Grenzen der Kooperation mit externen Partnern in den Blick genommen. *Claus Binder*, Konrektor der Mittelschule Soldnerstraße in Fürth, setzt dabei seinen Schwerpunkt auf den Themenkomplex Vertragsgestaltung/Finanzierung.

Mit dem Qualitätsaspekt setzt sich *Claudia Kreutzer*, Fachberaterin für schulbezogene Jugendarbeit beim Bayerischen Jugendring, auseinander. Sie arbeitet Qualitätsmerkmale schulbezogener Jugendarbeit heraus, die sie an geförderten Projekten aus dem Fachprogramm des Bayerischen Jugendrings aufzeigt.

Im zweiten Teil dieses Abschnitts werden zwei Beispiele aus der schulischen Praxis vorgestellt, in denen die Kooperation mit externen Partnern im Unterrichtskontext betrachtet wird.

Ingrid Haunschild und *Renate Ahlmer* unterrichten im Tandem in den Ganztagsklassen der Grundschule Nittendorf, die von Frau Haunschild geleitet wird. Die beiden Lehrerinnen stellen in ihrem Beitrag das Kooperationskonzept mit externen Partnern ihrer Schule vor und geben einen Einblick darüber, welche Einflüsse – im positiven Sinne – diese Zusammenarbeit auf die Unterrichtskultur in einer Ganztagsklasse haben kann.

Schließlich demonstrieren *Kornelia Zaloga* und *Irmgard Keefer*, Lehrerinnen an der Christian-Sammet-Schule in Pegnitz, Best-practice-Beispiele für unterrichtsergänzende Angebote durch externe Partner an einer gebundenen Ganztagsschule.

Auch die Tagung 2012 in Forchheim verstand sich als Fortsetzung der ersten beiden bayerischen Ganztagsschulkongresse 2008 bzw. 2010. Der vierte bayerische Ganztagsschulkongress ist für das Frühjahr 2014 geplant.
An Michaela Rupprecht richtet sich an dieser Stelle ganz herzlicher Dank für die Formatierungsarbeiten am Manuskript des Tagungsbandes.

Literatur:

Beetz, S. (1997): Hoffnungsträger „Autonome Schule". Zur Struktur der pädagogischen Wünschedebatte um die Befreiung der Bildungsinstitutionen. Peter Lang: Frankfurt am Main u.a.

Bosse, D. / Mammes, I. / Nerowski, Ch. (Hrsg)(2008): Ganztagsschule: Perspektiven aus Wissenschaft und Praxis. UBP: Bamberg

Fend, H. (2008): Schule gestalten. Systemsteuerung, Schulentwicklung und Unterrichtsqualität. VS: Wiesbaden

Foucault, M. (1976): Überwachen und Strafen. Suhrkamp: Frankfurt am Main

Kloft, C. / Brandes, H.-J. (2006): Die Führungskräfteentwicklung als Motor der selbstständigen Schule. In: Sauerland, F. / Uhl, S. (Hrsg): Selbstständige Schule. Hintergrundwissen und Empfehlungen für die eigenverantwortliche Schule und die Lehrerbildung. Carl Link: Kronach. S.25 – 42.

Koller, G. (2012): Qualitätsentwicklung an Ganztagsschulen. 3. bayerischer Ganztagsschulkongress in Forchheim. In: SchulVerwaltung Bayern. 06/2012. S.166 – 167.

Müller, J. (2006): Rechtliche Grundlagen der eigenverantwortlichen Schule. In: Sauerland, F. / Uhl, S. (Hrsg): Selbstständige Schule. Hintergrundwissen und Empfehlungen für die eigenverantwortliche Schule und die Lehrerbildung. Carl Link: Kronach. S.1 – 13.

Nerowski, Ch. / Weier, U. (Hrsg)(2010): Ganztagsschule organisieren – ganztags Unterricht gestalten. UBP: Bamberg

Schratz, M. / Westfall-Greiter, T. (2010): Schulqualität sichern und weiterentwickeln. Klett-Kallmeyer: Seelze

Staatsinstitut für Schulqualität und Bildungsforschung (ISB)(2005): Externe Evaluation an Bayerns Schulen. Das Konzept, die Instrumente, die Umsetzung. Bayerisches Staatsministerium für Unterricht und Kultus: München

Uhl, S. (2006): Erzieherische und schulpädagogische Gründe für die Einführung der eigenverantwortlichen Schule. In: Sauerland, F. / Uhl, S. (Hrsg): Selbstständige Schule. Hintergrundwissen und Empfehlungen für die eigenverantwortliche Schule und die Lehrerbildung. Carl Link: Kronach. S.14 – 24.

Weier, U. / Nerowski, Ch. (2010): Einleitung. In: Nerowski, Ch. / Weier, U. (Hrsg): Ganztagsschule organisieren – ganztags Unterricht gestalten. UBP: Bamberg. S.9 – 15.

Ziegele, F. (2008): Budgetierung und Finanzierung in Hochschulen. Waxmann: Münster u.a.

Zu den Autoren

Dr. phil. Markus Heibler ist Diplom-Soziologe und leitet im Bamberger Zentrum für Lehrerbildung (BAZL) die Abteilung für Organisationsentwicklung und Qualitätssicherung.

Tanja Schaad ist Lehrerin und Mitarbeiterin in der Grundsatzabteilung des Staatsinstituts für Schulqualität und Bildungsforschung, München.

Abschnitt I:

Erwartungen an Ganztagsschulen

Jürgen Abel, Markus Heibler, Gerhard Koller, Christian Nerowski, Anke Penczek, Sibylle Rahm

Erwartungen an Ganztagsschule. Ergebnisse des Projekts „Modellregion Ganztagsschule"

1. Argumentationslinien der Ganztagsdebatte

Die Debatte um die Einführung des Ganztags reicht zurück bis in das 17. Jahrhundert. Die ganztägige Schulorganisation lässt sich nach Einführung der allgemeinen Schulpflicht als Normalfall bis Ende des 19. Jahrhunderts (zumindest für das höhere Schulwesen) dokumentieren. Erst die pädagogische und die politische Debatte um die Rechte des Kindes führten zu einer Beschränkung der Schule auf die Halbtagsform (Rekus 2009). So steht die Diskussion um die Einführung des Ganztages in einer historischen Tradition, in der reformpädagogische Argumente für und wider die ganztägige Beschulung ausgetauscht werden.
Ganztagsschulen können systematisiert werden hinsichtlich ihrer Zielsetzung. Die „Offene Ganztagsschule" mit Mittagessen und einer optionalen Nutzung des Nachmittagsangebots setzt neben dem vormittäglichen Unterrichtsangebot auf Fürsorge, Betreuung und Beaufsichtigung der Kinder am Nachmittag. Die „Tagesheimschule" verfolgt ein ganzheitliches Konzept einer umfassenden obligatorischen Begleitung von Kindern mit Mittagessen und dem Wechsel von Unterricht und Neigungsgruppen. Die „Unterrichtsschule" erweitert den zeitlichen Rahmen des Unterrichts auf den Vor- und Nachmittag und verzichtet weitgehend auf Betreuungsmaßnahmen (ebd.). Rekus unterscheidet dementsprechend die Zielsetzungen eines Lernens plus anschließender Betreuung („Offene Ganztagsschule"), einer Einheit von Leben und Lernen in der Schule („Tagesheimschule") sowie eines effizienten Lernens in der Schule („Unterrichtsschule") (ebd., S.272).

Die gesellschaftspolitische Debatte der Gegenwart konzentriert sich auf die Auseinandersetzung mit gesellschaftlichem Wandel und den damit einhergehenden veränderten Anforderungen an Schule. Ganztagsschule soll, so Positionen aus Wissenschaft und Politik, zu lebenslangem Lernen und zum Umgang mit Heterogenität befähigen. Ganztägige Bildungseinrichtungen sollen erweiterte Lerngelegenheiten offerieren und die Kompetenzentwicklung der Schülerinnen und Schüler fördern. Dies ist auch Antwort auf internationale Schulleistungsvergleichsstudien, die etwa Benachteiligungen aufgrund des sozioökonomischen Status oder des Migrationshintergrundes dokumentieren. So wird die ganztägige Beschulung von Kindern und Jugendlichen als ein notwendiger Schritt in Richtung Bildungsgerechtigkeit gesehen (Oelkers 2006; Rauschenbach 2009). Unterstützt durch solche bildungspolitischen Argumente ist die Ganztagsschulentwicklung rapide vorangeschritten. In der öffentlichen Debatte wird die Ganztagsschule einerseits als Einrichtung zur Organisation effizienteren Lernens betrachtet, andererseits wird sie als geeigneter Ort zur Bearbeitung gesellschaftlicher Problemlagen diskutiert. Ganztagseinrichtungen übernehmen in dieser Perspektive Betreuungsaufgaben, die aufgrund veränderter familiärer Konstellationen von der Familie nicht mehr in Gänze übernommen werden können. Schule besetzt damit Aufgabenbereiche, die traditionell der Familie zugeschrieben werden: die Gesundheitsvorsorge oder die Organisation der Freizeit (Kolbe et al. 2009).

Während in der Fachliteratur Zielkataloge einer Erziehungsschule, die weit über das Anliegen von Halbtagsschulen hinausreichen, diskutiert werden (Appel 2009), während die Ganztagsschule neu gedacht wird und sie als „Stätte der Personwerdung" definiert wird (Hinz 2008), wird auf der anderen Seite argumentiert gegen die Besetzung familialer Räume durch Bildungsinstitutionen. Keineswegs sicher ist unter dieser kritischen Perspektive, ob Schule nachmittags ein familiäres Umfeld ersetzen kann.
Bildungspolitische, sozioökonomische, gesellschaftspolitische und pädagogische Argumentationslinien durchmischen sich.

Im erziehungswissenschaftlichen Diskurs ist deshalb auf historische Argumentationslinien, die bildungstheoretisch fundiert sind, zu achten. In Bildungsreformdebatten werden Argumente vorgetragen, die das Wohl der Kinder und Jugendlichen in den Fokus nehmen. In diesen Bildungsargumenten finden sich Ideen von Ganztagsschule als Lern- und Lebensraum, in dem Schülerinnen und Schüler optimale Entwicklungs- und Entfaltungsmöglichkeiten erhalten (Reheis 2007; Burow u. Pauli 2006). Dies ist der pädagogische Kern der Debatte. In diesem Zusammenhang ist die Frage nach der aktuell tragenden Leitidee der Ganztagsdiskussion von Bedeutung. Schließt sie an historische Debatten an? Partizipieren die beteiligten Statusgruppen der Lehrkräfte, der Eltern und der Bildungsverwaltung an einem gemeinsamen Bildungsdiskurs um die Ganztagsschule? Wird der Ganztag überhaupt als Bildungsthema angenommen?

2. Die Studie „Modellregion Ganztagsschule"

2.1 Die Fragestellung der Studie

Vor dem Hintergrund heterogener Fachdiskurse und Bildungsprogrammatiken sowie auf der Grundlage empirischer Befunde zu Schulentwicklungs- und Professionalisierungsprozessen fragt das Projekt ‚Modellregion Ganztagsschule' nach den Motivlagen der Statusgruppen. Verbinden Lehrkräfte, Eltern und Angehörige der Bildungsverwaltung mit der Einführung des Ganztags eine Bildungsidee? Stehen sie insoweit in historischer Tradition der pädagogischen Reformbewegung und der Bildungsreformdebatte der 70er Jahre des 20. Jahrhunderts? Verstehen sie die Ganztagsschule als Lern- und Lebensraum, als Angebot zur Optimierung von Schülerkompetenzen oder eher als Einrichtung, die einer bildungsökonomischen Logik folgt? Stellen Ganztagsschulen eine pragmatische Antwort auf bestehende gesellschaftliche Problemlagen dar? Stehen Lehrkräfte, Eltern und Mitglieder der Bildungsverwaltung grundsätzlich dem Ganztag befürwortend oder kritisch gegenüber?

Zur Beantwortung dieser Fragestellungen soll die Studie „Modellregion Ganztagsschule" einen Beitrag leisten. Sie fragt nach empirischen Evidenzen der Ganztagsdebatte. Aufgeklärt wird über differente Interessenlagen und Perspektiven der Eltern, der Lehrkräfte sowie der Bildungsverwaltung. Die Items werden auf der Basis von drei differenten Argumentationsfiguren entwickelt: dem Fokus ‚Bildung' in der Tradition älterer neuhumanistischer und im Umfeld gegenwärtiger bildungsökonomischer Vorstellungen; dem Fokus ‚Gesellschaft', bei dem die Bewältigung gesellschaftlicher Herausforderungen im Vordergrund steht; dem Fokus ‚Verwaltung', der länderübergreifende Strukturvorgaben und länderspezifische Richtlinien umfasst. Der Ganztag als Bildungsthema würde, so das theoretische Konstrukt, die beteiligten Statusgruppen für entsprechend entwicklungs- und förderorientierte Argumente votieren lassen. Der Ganztag als gesellschaftliche Herausforderung würde den Betreuungs- und Aufsichtsaspekt akzentuieren. Der Ganztag als verwaltungstechnischer Auftrag würde die Umsetzung politischer und verwaltungstechnischer Vorgaben in den Vordergrund rücken lassen.

Mit der Erhebung der Erwartungen von Lehrkräften, Eltern und Bildungsfachleuten wird die bildungstheoretische Bedeutung des Ganztagsthemas beleuchtet. Gleichzeitig erlauben die Voten der Befragten eine Einschätzung gesellschaftlichen Miteinanders in Bildungsfragen: gibt es Übereinstimmungen in den Perspektiven der Statusgruppen?

Fühlen die Befragten sich ausreichend beteiligt an der Umsetzung des Ganztags?

Wird auf potentielle Partizipationswünsche eingegangen?

Ist der Ganztag ein akzeptiertes, öffentlich breit diskutiertes Entwicklungsthema in einer Bildungsregion?

2.2 Ausgangspunkt: Die Bildungsregion Forchheim

Die Studie setzt an in der Bildungsregion Forchheim, in der öffentliche Debatten und weitgehender Konsens in Ganztagsfragen zu beobachten waren. Eine Projektgruppe unter Leitung des Staatlichen Schulamts, besetzt mit Vertreterinnen und Vertretern verschiedener Schularten, des vorschulischen Bereichs, der Erwachsenenbildung, der Jugendarbeit sowie der Wirtschaft entwickelt die Vision gemeinsamer Verantwortung für Bildungsaktivitäten im Landkreis. Eine Zukunftswerkstatt im Januar 2007 führt zur Gründung des Träger- und Fördervereins FOrsprung e.V., der bis heute wesentlicher Motor und Initiator bildungspolitischer Initiativen zur Gestaltung von Schule, Bildung und Unterricht ist.

So engagieren sich im Landkreis Forchheim Lehrkräfte und Eltern beispielsweise dafür, dass eine Halbtagsgrundschule zu einer Tagesschule entwickelt wird. In Zusammenarbeit mit der Schulverwaltung wird ein alternatives Schulkonzept entwickelt. Arbeitsgruppen bearbeiten Reformthemen wie ein neues Zeitkonzept, veränderte Räumlichkeiten, Essensversorgung, Öffentlichkeitsarbeit, Dokumentation und Evaluation der Maßnahmen. Solche Initiativen, bei denen Eltern, Lehrkräfte, Universität und Bildungsverwaltung kooperieren, sind gute Beispiele für kooperative Schulentwicklung (Nerowski 2008; Rahm 2010). Voraussetzung ist das Gespräch, in dem die Einigung auf ein gemeinsames Bildungsverständnis erreicht werden kann. In Zukunftswerkstätten wird themenzentriert diskutiert und an einer gemeinsamen Vision gearbeitet. Wenn Räume, Personal, Mittel fehlen, müssen Entscheidungsträger der Region mit den Bildungsbeteiligten Kontakt aufnehmen. Schule und Kommune genauso wie Schulen untereinander müssen sich vernetzen, um gemeinsam etwas zu bewegen (Koller 2008). In solchen Prozessen entsteht ein kreatives Feld von Aktivitäten (Burow 2008), in dem die Aktiven der Schulentwicklung sich vernetzen und freiwillige Arbeit im Sinne bürgerschaftlichen Engagements für eine Bildungsidee verrichten (Rahm 2009).

2.3 Erhebung

An der Studie sind neben FOrsprung e.v. die an der Universität Bamberg angesiedelten Lehrstühle für Schulpädagogik und für Allgemeine Pädagogik sowie das Bamberger Zentrum für Lehrerbildung beteiligt. Die Studie wird finanziell unterstützt von der Stiftung Bildungspakt Bayern.

Die Datenerhebung erfolgte mittels standardisierten Fragebögen für die drei Statusgruppen ‚Lehrkräfte', ‚Eltern' und ‚Verwaltung', die jeweils auf vier Seiten etwa 60 Items im Multiple-Choice-Format umfassten. Die Befragten wurden gebeten, die ausgefüllten Fragebögen bis Ende 2011 an die Universität Bamberg zurückzusenden.

Zur Erhebung der Statusgruppen ‚Eltern' und ‚Lehrkräfte' wurden im Landkreis Forchheim alle Lehrpersonen und Eltern befragt. In den beiden Landkreisen Bad Tölz-Wolfratshausen und Traunstein erfolgte die Erhebung auf der Basis einer Stichprobenziehung.

Zur Erhebung der Statusgruppe ‚Verwaltung' wurden die mit dem Bereich Ganztagsschulen befassten Mitarbeiterinnen und Mitarbeiter der nachfolgenden Institutionen befragt: Bayerisches Staatsministerium für Unterricht und Kultus, Bayerisches Staatsinstitut für Schulqualität und Bildungsforschung, Akademie für Lehrerfortbildung und Personalführung, Abteilungen für Schul- und Bildungswesen an allen bayerischen Regierungsbezirken, die Ministerialbeauftragten der Gymnasien und der Realschulen in allen Regierungsbezirken, alle Staatlichen Schulämter, die Serviceagentur ‚Ganztägig lernen' sowie alle Schulleitungen in den Landkreisen Forchheim, Bad Tölz-Wolfratshausen und Traunstein.

Insgesamt wurden dabei 68 600 Fragebögen versendet: 65 000 Elternfragebögen, 2 600 Fragebögen für Lehrkräfte sowie 1 000 Fragebögen für die Statusgruppe ‚Verwaltung'.

Die Rücklaufquote lag mit insgesamt 4389 vollständig zurückgesendeten Fragebögen bei 6,4%. Bemerkenswert ist in diesem Zusammenhang, dass die Teilrücklaufquoten zum Teil stark variieren. So betrug die Rücklaufquote bei den Eltern bzw. Lehrkräften 5,8% bzw. 12,5%, während sie bei der Statusgruppe ‚Verwaltung' mit 31,5% beziffert werden kann.

Der Untersuchung geht eine Vorstudie voraus. So erfolgte zum einen im Jahr 2009 eine Befragung von Lehrkräften zum Thema „Arbeitsplatz Ganztagsschule" in den drei Landkreisen. Die Ergebnisse dieser Erhebung wurden im Rahmen des Zweiten Bayerischen Ganztagsschulkongresses im März 2010 vorgestellt (siehe weiterführend Heibler u. Koller 2010a, 2010b).

3. Ergebnisse

3.1 Abstimmung und Kooperation zwischen den Beteiligten

Schulverwaltung
In der Studie war von Interesse, ob und inwiefern ein Konsens über Zieldimensionen und Konzepte des Reformprojekts ‚Ganztag' unter den Beteiligten in einer Bildungsregion zu beobachten ist (vgl. zum Folgenden Abb. 3). Knapp die Hälfte der befragten Vertreterinnen und Vertreter der bayerischen Schulverwaltung bestätigen die Existenz eines Konsenses innerhalb der Schulverwaltung in Bezug auf die Ziele der Ganztagsschule. Über 40% verneinen diesen Konsens jedoch; dazu kommen 15%, die darüber keine Auskunft geben können. Die Befragten aus der Schulverwaltung geben ferner an, dass innerhalb der Schulverwaltung keine ausreichenden Abstimmungsprozesse zwischen den einzelnen Verwaltungsebenen existieren (56%) oder diese ihnen nicht bekannt seien (27%). Einen bayernweiten Konsens zur Zielsetzung und zur inhaltlichen Konzeption sehen 30% bzw. 19% der Befragten. 57% sehen keinen landesweiten Konsens, 62% kein landesweites inhaltliches Konzept. Fast 14% wissen nicht, ob es einen Konsens gibt und über 19% wissen nicht, ob ein bayernweites Konzept vorliegt. Ein Konsens hinsichtlich der Ziele sowie ein Konzept der Ganztagsschule scheinen somit in der Schulverwaltung nur in eingeschränktem Maß vorzuliegen. Aus den Daten wird deutlich, dass es zum Thema Ganztagsschule in Bayern noch einen hohen Erklärungs- und Abstimmungsbedarf gibt.

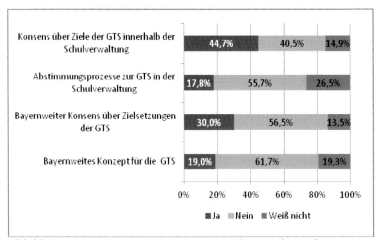

Abbildung 1: Existenz eines Konsenses über Ziele und Konzept der Ganztagsschule aus der Perspektive der Schulverwaltung

Lehrkräfte

Im Folgenden werden die Ergebnisse zu den Beteiligungen an der Konzeptentwicklung vorgestellt. Betrachtet werden dabei die Erwartungen der Eltern und die Aussagen von Lehrkräften. Die Lehrkräfte wurden befragt, welche Personengruppen an der Erarbeitung dieser Zielvorstellungen eingebunden waren und welche Personengruppen sich an der Erarbeitung eines organisatorischen Konzepts beteiligten (Abb. 2). Die Ergebnisse beider Fragen fielen ähnlich aus. Knapp die Hälfte der Schulleitungen haben an Zielvorstellungen und organisatorischen Konzepten mitgewirkt, 22% bzw. 17% der Lehrerkollegien und ca. 15% der Steuergruppen. Externe Partner und Sachaufwandsträger beteiligten sich mit ca. 18%. Am geringsten war die Teilhabe von Eltern sowie Schülerinnen und Schülern.

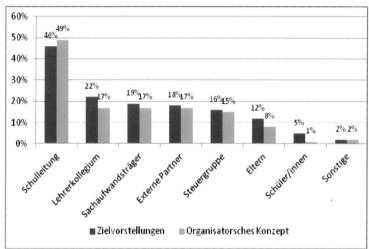

Abbildung 2: Beteiligung an Ziel- und Konzeptentwicklung aus der Perspektive der Lehrkräfte

Eltern

Ferner wurden die Eltern befragt, wer aus ihrer Sicht mit der Entwicklung eines Konzepts betraut werden solle. Dazu wurde die Zustimmung zu zwei unterschiedlichen Statements erhoben: (1) „Ich erwarte von der Ganztagsschule, dass sie ein von allen Beteiligten (Lehrkräften, Schülerinnen und Schülern, Eltern, Gemeinde, weiteres Personal) entwickeltes Konzept hat." und (2): „Ich erwarte von der Ganztagsschule, dass sie ein ausschließlich von Fachleuten entwickeltes pädagogisches Konzept hat." Mit über 80% Zustimmung („trifft zu" und „trifft eher zu") geben die Eltern ihrem Wunsch Ausdruck, dass sich alle Beteiligten an der Ganztagsschule bei der Entwicklung eines pädagogischen Konzepts einbringen sollten. Dagegen meinen insgesamt nur 52,9% der Eltern, dass sich ausschließlich Fachleute um die Konzeptentwicklung kümmern sollten.

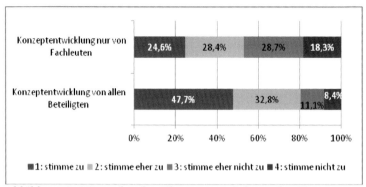

Abbildung 3: Wünsche der Eltern, wer sich an der Konzeptentwicklung der Ganztagsschule beteiligen soll

3.2 Betreuung, Lernen oder Unterricht?

In der Untersuchung wird danach gefragt, wie groß der Betreuungsbedarf der Eltern ist, durch was er begründet ist und inwiefern er von Lehrkräften und der Schulverwaltung wahrgenommen wird. Daran anschließend wird die Relevanz, die der bedarfsgerechten Betreuung aus Sicht der Lehrkräfte und der Schulverwaltung zukommt, mit der Relevanz von Unterricht und Lernen verglichen.

Die Eltern wurden befragt, ob sie von der Ganztagsschule eine bedarfsgerechte Betreuung ihrer Kinder erwarten. Die Ergebnisse zeigen, dass von Seiten der Eltern ein großer Betreuungsbedarf besteht. Fast 90% der Eltern stimmen der Aussage „Ich erwarte von einer Ganztagsschule, dass sie eine bedarfsgerechte Beaufsichtigung meines Kindes sicherstellt" zu oder eher zu. Dabei ist zu bedenken, dass die Umfrage an allen Schularten (und nicht nur an der Grundschule) durchgeführt wurde.

In diesem Zusammenhang ist von Interesse, wie die Eltern den Betreuungsbedarf begründen. Spielt die Berufstätigkeit der Eltern eine entscheidende Rolle? Oder gibt es Bedarfe, die in Richtung Freizeitaktivitäten weisen? Die Ergebnisse sind in Abbildung vier ersichtlich. Der Aussage „Ich erwarte von der Ganztagsschule, dass mir die Berufstätigkeit erleichtert wird" stimmen 75% der Eltern zu bzw. eher zu.

Nur 26% der Eltern votieren für die Aussage „Ich erwarte von der Ganztagsschule, dass mir durch die längere Betreuung meines Kindes eine verstärkte Teilnahme an Freizeitaktivitäten ermöglicht wird" („trifft zu" und „trifft eher zu"). Der elterliche Betreuungsbedarf ist also primär durch die Berufstätigkeit und nicht durch den Wunsch nach mehr Freizeit begründet. Damit spielen ökonomische und familienpolitische Argumente eher als freizeitorientierte Motive eine entscheidende Rolle.

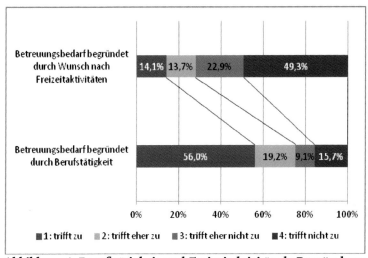

Abbildung 4: Berufstätigkeit und Freizeitaktivität als Begründung des Betreuungsbedarfs der Eltern

Lehrkräfte und Schulverwaltung wissen um die Betreuungsbedürfnisse der Eltern. Beide Statusgruppen stimmen, wie im linken Drittel der Abbildung fünf zu sehen ist, den Zielsetzungen „mehr Betreuung" und „bessere Betreuung" zu ungefähr 60% (Lehrkräfte) und 77% (Schulverwaltung) zu. In der Abbildung nicht dargestellt sind weitere 21% der Verwaltung, die sowohl der Frage nach mehr als auch nach besserer Betreuung *eher* zustimmen (insgesamt 98%). Die Lehrkräfte stimmen der Frage nach Betreuung zu 29% (mehr Betreuung) bzw. 28% (bessere Betreuung) eher zu (insgesamt 92% bzw. 84%).

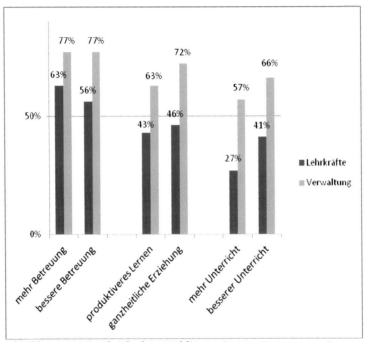

Abbildung 5: Vergleich der Zieldimensionen Betreuung, Lernen und Unterricht bei Lehrkräften und Verwaltung

Die Säulen in der Mitte und im rechten Drittel in Abbildung 5 zeigen den bemerkenswerten Befund, dass dem Betreuungsbedarf mehr Bedeutung zugemessen wird als dem Unterricht und dem Lernen. Der Zustimmung der Lehrkräfte zu den betreuungsbezogenen Items mit jeweils ca. 60% steht die geringere Zustimmung zu den Items ‚produktiveres Lernen' und ‚ganzheitlichere Erziehung' mit jeweils ca. 45% und die nochmals geringere Zustimmung zu den Items ‚mehr Unterricht' (27%) und ‚besserer Unterricht' (41%) gegenüber (jeweils nur „trifft zu"). Die Antworten der Schulverwaltung zeigen ein ähnliches Bild. Der 77%igen Zustimmung zur Betreuung stehen 63% bzw. 72% Zustimmung zu Lernen und Erziehung sowie 57% bzw. 66% Zustimmung zum Unterricht gegenüber.

Es kann also festgehalten werden, dass in der Entwicklung der Ganztagsschule das Ziel der Sicherstellung einer bedarfsgerechten Betreuung eine größere Rolle spielt als die Verbesserung von Lernen und Unterricht (vgl. Nerowski 2012).

3.3 Raum

Die Raumorganisation kann als zentrales Merkmal der Schulorganisation in Ganztagsschulen begriffen werden (Holtappels 2006). Ein Schwerpunkt der Vorstudie „Arbeitsplatz Ganztagsschule" (Heibler u. Koller 2010a, 2010b) lag auf der Betrachtung der beiden Dimensionen ‚Raum' und ‚Zeit'. So zeigte sich hinsichtlich der Dimension ‚Raum', dass Ansprüche und Bedürfnisse der Lehrkräfte an die räumliche Gestaltung von Schulen – insbesondere von Ganztagsschulen – bei baulichen Maßnahmen wenig oder gar keine Berücksichtigung fanden. Ein klassisches Beispiel stellt in diesem Zusammenhang die Situation im Lehrerzimmer dar. Benötigt werden aus der Perspektive der Lehrkräfte gut ausgestattete Einzel- wie auch Gruppenarbeitsplätze. Aus dem Antwortverhalten wurde ferner deutlich, dass die befragten Lehrkräfte mehrheitlich unter den räumlich voneinander getrennten Arbeitsplätzen (schulischer versus häuslicher Arbeitsplatz) leiden. So vermissen sie beispielsweise am schulischen Arbeitsplatz Material, über das sie zu Hause in ausreichendem Maße verfügen.

Anknüpfend an die Vorstudie wurden die Lehrpersonen danach befragt, wie der ‚Arbeits- und Lebensraum Ganztagsschule' ihrer Meinung nach aussehen sollte (Abb.6). Dabei waren Mehrfachnennungen möglich:

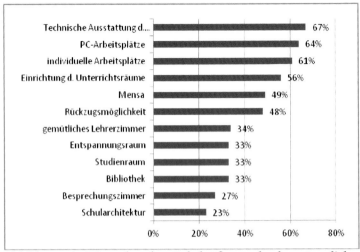

Abbildung 6: **Wünsche der Lehrkräfte nach der räumlichen Gestaltung einer Ganztagsschule (Mehrfachnennungen möglich)**

Es zeigt sich, dass aus Sicht der befragten Lehrpersonen neben infrastrukturellen Notwendigkeiten wie Mensa bzw. Cafeteria insbesondere Möglichkeiten zum individuellen Arbeiten mit entsprechender technischer Ausstattung eingeräumt werden sollten. Diese Einschätzung ist – vor allem in einer gebundenen Ganztagsschule – im Zusammenhang mit der deutlich längeren Präsenzzeit der Lehrkräfte an der Schule zu betrachten. Zum Verweilen einladende Lehrerzimmer oder gut ausgestattete Konferenz- und Besprechungszimmer scheinen hier laut Einschätzung der Befragten eher weniger gängige Praxis zu sein. Es wird deutlich, dass für die Lehrpersonen die Arbeitsbedingungen vor Ort, wie die Möblierung und technische Ausstattung der Unterrichtsräume von erheblichem Stellenwert sind. Die Architektur der Schule insgesamt scheint von vergleichsweise geringer Relevanz.

Bei einem Item zur Dimension ‚Raum' kann das Antwortverhalten von Lehrpersonen mit der Antworttendenz der Mitglieder der Bildungsverwaltung verglichen werden (Abb. 7).

85,8% der Lehrkräfte sind der Auffassung, die Ganztagsschule solle eine bessere Nutzung des Lern- und Lebensraumes Schule bieten. 93,4 % der Mitglieder der Bildungsverwaltung teilen diese Auffassung. Die pädagogische Ausgestaltung des Ganztagsraumes wird demnach für wesentlich erachtet. Hier lässt sich eine Anknüpfung an pädagogische Debatten um gute Schule und die Möglichkeiten eines sozialen Miteinanders im gestalteten Raum ablesen.

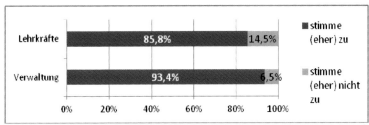

Abbildung 7: Antworten der Verwaltung und der Lehrkräfte auf das Item „Die Ganztagsschule soll eine bessere Nutzung des Lern- und Lebensraumes Schule bieten."

3.4 Zeit

Im Hinblick auf die Dimension ‚Zeit' wurde in der Vorstudie deutlich, dass Lehrkräfte mehrheitlich die räumlich-zeitliche Trennung ihrer beiden Arbeitsplätze (Schule und häuslicher Arbeitsplatz) begrüßen, was in einem scheinbaren Widerspruch steht zur artikulierten Belastung durch die räumliche Trennung der beiden Arbeitsplätze. Vermutlich offeriert die räumlich-zeitliche Trennung und die damit verbundene Fragmentierung des Arbeitstages eine gewisse Zeitsouveränität („subjektiver Zeitwohlstand"; vgl. Kleemann 2005). Ferner wünschen sich die befragten Lehrkräfte mehrheitlich (mehr) Kommunikationszeiten innerhalb des Kollegiums, aber auch hinsichtlich der externen Partner und des zusätzlichen pädagogischen Personals.

Abbildung acht zeigt, dass im Vergleich von Lehrkräften und Schulverwaltung vor allem die Schulverwaltung mit der Ganztagsschule das Ziel verbindet, dem Unterricht mehr Zeit zuzugestehen.

Die Lehrkräfte stimmen der Aussage „Die Ganztagsschule soll mehr Unterrichtszeit zur Verfügung stellen" zu 57% (eher) zu, wohingegen die Schulverwaltung zu fast 80% zustimmt oder eher zustimmt. Mit ihrem Votum bringen die Lehrkräfte möglicherweise ihre Befürchtung zum Ausdruck, dass mit der Ausweitung der Unterrichtszeit eine Verlängerung der persönlichen Anwesenheitspflicht in der Schule verbunden sein könnte und/oder womöglich eine Aufstockung des eigenen Lehrdeputats verbunden wäre.

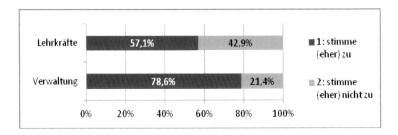

Abbildung 8: Zustimmung zu „Die Ganztagsschule soll mehr Unterrichtszeit zur Verfügung stellen"

Ferner wurde bei Lehrkräften und Angehörigen der Bildungsverwaltung ein Votum zur Aussage „Die Ganztagsschule soll lerngemäßere Pausen und Erholungsphasen ermöglichen" (Abb. 9) erbeten. Befragte beider Statusgruppen bejahen die Aussage mit deutlicher Mehrheit; die Schulverwaltung wiederum deutlicher als die Lehrkräfte. Zu den zentralen Gelingensfaktoren für Ganztag gehört damit aus der Perspektive der Lehrkräfte und der Schulverwaltung ein – im Vergleich zur Regelschule mit Halbtagsunterricht – entsprechendes Zeitkonzept, das pädagogisch durchdachte Zeiten der Entspannung vorsieht.

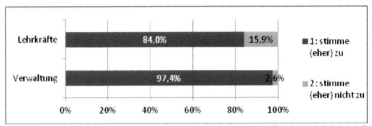

Abbildung 9: Die Ganztagsschule soll lerngemäßere Pausen und Erholungsphasen ermöglichen.

3.5 Soziale Kompetenzen

Das Zusammenleben mit Eltern, Geschwistern, aber auch mit Nachbarn, Lehrern und Gleichaltrigen außerhalb der Familien spielt für die Sozialisation der Heranwachsenden eine bedeutende Rolle. Neben der Familie nimmt im Jugendalter die Gruppe der Gleichaltrigen (Peers) eine wichtige Funktion ein. (Oerter u. Dreher 2002). Die Ganztagsschule eröffnet die Möglichkeit, Freundschaften zu intensivieren. Dies wird von den Eltern auch erwartet (Abbildung 10):

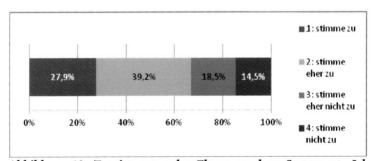

Abbildung 10: Zustimmung der Eltern zu dem Statement „Ich erhoffe bzw. erwarte von der Ganztagsschule, dass mein Kind Freundschaften innerhalb der Schülerschaft eher vertieft".

Lehrer und Eltern beklagen oft den „schädlichen Einfluss" von Medien und anderen Kindern bzw. Jugendlichen, wenn ihre Kinder nicht beaufsichtigt sind. Sie gehen davon aus, dass dies sowohl im sozialen Verhalten als auch beim Lernen negative Auswirkungen hat. Auch Lehrkräfte beklagen sich über nicht angemessenes Verhalten in der Schule. Beide Statusgruppen erhoffen sich von der Ganztagsschule Abhilfe (Abbildung 11).

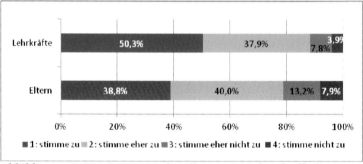

Abbildung 11: Zustimmung der Eltern zu „Ich erhoffe bzw. erwarte von der Ganztagsschule, dass mein Kind mehr zu gemeinschaftlichem Lernen angeregt wird"; sowie Zustimmung der Lehrkräfte zu „Die Ganztagsschule soll zu mehr Gemeinsamkeit und besserem Sozialverhalten beitragen"

Zusammenfassend ist zu sagen, dass Eltern und Lehrkräfte von der Ganztagsschule ein verbessertes Sozialverhalten der Kinder bzw. Jugendlichen erwarten.

4. Diskussion

Erste Ergebnisse der vorgestellten Untersuchung weisen darauf hin, dass die Einführung des Ganztags in Bayern mit differenten Perspektiven und Erwartungen der befragten Statusgruppen verknüpft ist. Hohe Erwartungen der Beteiligten stehen neben Abstimmungsbedarfen innerhalb und zwischen den Statusgruppen. Im Sinne kooperativer Schulentwicklung ergeben sich Desiderata bezüglich der Abstimmung von Maßnahmen zur Einführung des Ganztags.

- In der Schulverwaltung besteht laut Befragung kein übergreifender Konsens bezüglich der Ziele der Ganztagsschule oder bezüglich eines übergreifenden Konzepts für Ganztagsschulen.
- Innerhalb der Einzelschule ist vor allem die Schulleitung mit der Konzeptentwicklung betraut. In zweiter Reihe kommen Lehrkräfte, Sachaufwandsträger, Steuergruppen und externe Partner. Eltern und vor allem Schülerinnen und Schüler partizipieren wenig.
- Die Mehrzahl der Eltern wünscht eine Beteiligung an der Konzeptentwicklung der Ganztagsschule.
- Eltern haben einen großen Bedarf an Betreuungsangeboten für ihre Kinder. Dieser Bedarf entstammt eher der Berufstätigkeit und weniger dem Wunsch nach Freizeitaktivitäten.
- Aus der Perspektive der Lehrkräfte und vor allem der Schulverwaltung ist das Ziel, ein bedarfsgerechtes Betreuungsangebot zur Verfügung zu stellen, wichtiger, als die Fokussierung auf Unterricht und Lernen.
- Die Lehrkräfte wünschen sich in räumlicher Hinsicht vor allem eine (technische) Ausstattung der Klassenzimmer sowie zusätzliche (individuelle) Arbeitsräume. Eine untergeordnete Rolle spielen Schularchitektur und Besprechungszimmer.
- Ganztagsschule soll nach Auffassung von Lehrkräften und Mitgliedern der Bildungsverwaltung eine bessere Nutzung des Lern- und Lebensraumes Schule bieten.

- Pausen, die das Lernen fördern, werden vor allem von der Schulverwaltung, aber auch von den Lehrkräften als relevant erachtet.
- Sowohl Eltern als auch Lehrkräfte erachten den Erwerb sozialer Kompetenzen als relevant.

Die Interessenlagen und Motive der befragten Lehrkräfte, der Eltern und der Angehörigen der Bildungsverwaltung sind divers. Die Eltern signalisieren massive Betreuungsbedarfe und wünschen sich eine Partizipation bei der Entwicklung des Ganztagsangebotes. Die Lehrkräfte nehmen die Bedarfslagen wahr und fordern eine angemessene Ausstattung ihres Arbeitsplatzes sowie eine pädagogisch durchdachte Neukonzeption des Ganztags. Die Angehörigen der Bildungsverwaltung sehen Abstimmungsbedarfe. Sie unterstreichen die Notwendigkeit von Betreuungsangeboten und wünschen sich eine pädagogische fundierte Konzeptentwicklung.

Jede befragte Statusgruppe hat ein berechtigtes Interesse, das im Zusammenhang mit der Einführung des Ganztages berücksichtigt werden kann. Während die Angehörigen der Bildungsverwaltung auf der Systemebene mit Abstimmungsbedarfen argumentieren, sehen die befragten Eltern ihre Betreuungsbedarfe auf Schulebene im Vordergrund. Die Lehrkräfte argumentieren aus der Sicht ihres Arbeitsplatzes und vor dem Hintergrund pädagogischer Argumentationslinien im Sinne einer Schulentwicklung. Die Perspektiven sind heterogen; gleichwohl gibt es Überschneidungen, etwa, wenn Lehrkräfte und Verwaltung für lerngemäße Pausen und Erholungsphasen votieren.

Versteht man die Entwicklung der Ganztagsschule als regionale Entwicklungsaufgabe (Rahm 2010), so ergeben sich Kommunikationsbedarfe. Es besteht offensichtlich eine Differenz zwischen Partizipationswünschen der Beteiligten und Partizipationsmöglichkeiten. Gerade wenn die Ganztagsschule als Antwort auf durchschnittliche Ergebnisse des deutschen Bildungssystems als Maßnahme zur Qualitätsverbesserung der Schule verstanden wird, sollte der Diskurs innerhalb und zwischen den gesellschaftlichen Statusgruppen gefördert werden.

Nur wenn differente Erwartungen an Ganztagsschule kommuniziert und abgeglichen werden, kann eine breite Zustimmung zur Ganztagsidee erreicht werden.
Perspektiven, die in der Tradition des historischen pädagogischen Diskurses um die Einführung des Ganztags stehen, stehen nicht im Vordergrund der Ganztagsdebatte. Die Erwartungen an Ganztagsschule scheinen vorrangig professionspolitisch, gesellschaftspolitisch und sozioökonomisch determiniert.
Pädagogische Argumentationslinien scheinen dennoch auf, wenn für eine Optimierung der Bedingungen für schülergerechtes Lernen votiert wird.
Aus schulentwicklungstheoretischer Sicht sollte die Auseinandersetzung um den Ganztag als Bildungsangebot verstärkt werden. Es genügt in diesem Zusammenhang nicht, den Schulleitungen die alleinige Verantwortung für die Konzeptentwicklung zu übertragen (Rahm u. Schröck 2008).
Erwartungen aller Beteiligten müssen kommuniziert und in ein tragfähiges Bildungskonzept transferiert werden. Erst über die Vernetzung der Statusgruppen und den Austausch diverser Motivlagen kann aus einer Ganztagsidee ein tragfähiges Ganztagskonzept zur Verbesserung des schulischen Bildungsangebotes werden.

Literatur

Appel, S. (2009): Ganztagsschule – Zukunftsschule. Ein kinder- und jugendgerechter Lern- und Lebensort. In: D. Bosse, P. Posch (Hrsg.): Schule 2020 aus Expertensicht. Wiesbaden: VS, S.81-86.

Burow, O. - A., Pauli, B. (2006): Ganztagsschule entwickeln. Von der Unterrichtsanstalt zum Kreativen Feld. Schwalbach: Wochenschau.

Burow, O.- A. (2008): Ganztagsschule entwickeln: Durch die „Weisheit der Vielen" von der Unterrichtsanstalt zum Kreativen Feld. In: Bosse, D., Mammes, I. & Nerowski, C. (Hrsg.). Bamberg: University of Bamberg Press, S.19-42.

Heibler, M. / Koller, G. (2010a): Arbeitsplatz Ganztagsschule. Chancen für Lehrkräfte und Schulleitungen. In: Nerowski, C. / Weier, U. (Hrsg): Ganztagsschule organisieren – ganztags Unterricht gestalten. Bamberg: University of Bamberg PresS.S.109-120.

Heibler, M. / Koller, G. (2010b): Ganztagsschule – Notwendige Veränderungen für den Arbeitsplatz Schule. In: SchulVerwaltung Bayern. Zeitschrift für Schulleitung und Schulaufsicht. 6/2010. S.176-179.

Hinz, Alfred (2008): Schule ist Stätte der Personwerdung, was sonst? Ein Plädoyer für die Ganztagsschule am Beispiel der Bodenseeschule St. Martin. In: Dorit Bosse, Ingelore Mammes und Christian Nerowski (Hg.): Ganztagsschule. Perspektiven aus Wissenschaft und Praxis. Bamberg: University of Bamberg Press, S.141-153.

Holtappels, H.G. (2006): Stichwort: Ganztagsschule. In: Zeitschrift für Erziehungswissenschaft, Jg. 9, Heft 1, S.5 – 29.

Kleemann, F. (2005): Die Wirklichkeit der Teleheimarbeit. Eine arbeitssoziologische Untersuchung. Berlin: Edition Sigma.

Kolbe, F.-U., Reh, S., Fritsche, B., Idel, T.-S., Rabenstein, K. (Hrsg.) (2009): Ganztagsschule als symbolische Konstruktion. Fallanalysen zu Legitimationsdiskursen in schultheoretischer Perspektive. Wiesbaden: VS.

Koller, G. (2008): Ganztagsschulen als Chance für die Entwicklung lokaler Bildungsregionen. In: Bosse, D., Mammes, I. & Nerowski, C. (Hrsg.). Bamberg: University of Bamberg Press, S.43-52.

Nerowski, Christian (2012: Traumfabrik Ganztagsschule. Welche Erwartungen stellen die Eltern an den Ganztag? In: Pädagogische Führung 23 (3), 119-123.

Nerowski, C. (2008): Die Tagesschule als Modell der Zeitstrukturierung durch Umverteilung des Unterrichts. In: Bosse, D., Mammes, I. & Nerowski, C. (Hrsg.). Bamberg: University of Bamberg Press, S.79-92.

Oelkers, J. (2006): Öffentliche Bildung und die Chance, sie wahrzunehmen. In: H.-U. Otto, J. Oelkers (Hrsg.): Zeitgemäße Bildung. Herausforderung für Erziehungswissenschaft und Bildungspolitik. München, Basel: Ernst Reinhardt, S.238-246.

Oerter, R., Dreher, E. (2002): Jugendalter. In: Oerter, R. (Hrsg.): Entwicklungspsychologie. Weinheim: Beltz.

Rahm, S. (2009): Der Beitrag von bürgerschaftlichem Engagement zur Schulentwicklung. In: Bundesnetzwerk bürgerschaftliches Engagement (BBE): Schule und Bürgerengagement – Bildung gemeinsam gestalten. Dokumentation der Fachtagung. 24.-25. Oktober 2008, Akademie Dillingen. Nürnberg, S.15-24.

Rahm, S. (2010): Kooperative Schulentwicklung. In: T. Bohl, W. Helsper, H.G. Holtappels, C. Schelle (Hrsg.): Handbuch Schulentwicklung. Bad Heilbrunn: Klinkhardt, S.83-86.

Rahm, S., Schröck, N. (2008): Wer steuert Schule? Zur Rekonstruktion dilemmatischer Ausgangslagen für Schulleitungshandeln in lernenden Schulen. Bad Heilbrunn: Klinkhardt.

Rauschenbach, T. (2009): Zukunftschance Bildung. Familie, Jugendhilfe und Schule in neuer Allianz. Weinheim, München: Juventa.

Reheis, F. (2007): Bildung contra Turboschule! Ein Plädoyer. Freiburg : Herder.

Rekus, J. (2009): Ganztagsschule. In: S. Blömeke, T. Bohl, L. Haag, G. Lang-Wojtasik, W. Sacher (Hrsg.): Handbuch Schule, S.270-274.

Zu den Autorinnen und Autoren

Prof. Dr. Jürgen Abel vertritt derzeit den Lehrstuhl für Allgemeine Pädagogik an der Otto-Friedrich-Universität in Bamberg.

Dr. phil. Markus Heibler ist Diplom-Soziologe und leitet im Bamberger Zentrum für Lehrerbildung (BAZL) die Abteilung für Organisationsentwicklung und Qualitätssicherung.

Gerhard Koller ist Schulamtsdirektor a.D. und stellvertretender Vorsitzender des Vereins „Bildungsregion Forchheim" (FOrsprung e.V.).

Christian Nerowski ist wissenschaftlicher Assistent an der Otto-Friedrich-Universität in Bamberg.

Anke Penczek ist wissenschaftliche Mitarbeiterin an der Otto-Friedrich-Universität in Bamberg.

Prof. Dr. Sibylle Rahm ist Lehrstuhlinhaberin für Schulpädagogik an der Otto-Friedrich-Universität in Bamberg und Leiterin des Bamberger Zentrums für Lehrerbildung.

Natalie Fischer, Markus N. Sauerwein, Désirée Theis

Ganztagsschule zwischen Erwartungen und Realität – Ein Überblick über Ergebnisse der Studie zur Entwicklung von Ganztagsschulen (StEG)

Der Ausbau von Ganztagsschulen in Deutschland schreitet rasant voran. Im Rahmen des Investitionsprogramms „Zukunft, Bildung und Betreuung" (IZBB) hat der Bund zwischen 2003 und 2009 den quantitativen und qualitativen Aus- und Aufbau von Ganztagsschulen in den Bundesländern finanziell unterstützt. In diesem Zeitraum hat sich die Anzahl der Ganztagsschulen in Deutschland ungefähr verdoppelt, so dass laut Statistik der KMK im Schuljahr 2010/2011 51 Prozent aller schulischen Verwaltungseinheiten Ganztagsschulen bzw. Schulen mit Ganztagsbetrieb waren (vgl. Ständiges Sekretariat der KMK 2012). Zum selben Zeitpunkt lag der Anteil der Ganztagsschülerinnen und -schüler an allen Schüler/-innen bei 28% (vgl. Ständiges Sekretariat der KMK 2012).

Mit der Einführung von Ganztagsschulen wurden vielfältige Erwartungen verbunden. So kann die Forderung nach der Vereinbarkeit von Familie und Beruf als ein ausschlaggebendes Kriterium für den Ganztagsschulausbau genannt werden (Wiere 2011). In Bezug auf die individuelle Förderung von Schülerinnen und Schülern, waren die Ergebnisse der PISA 2000-Studie entscheidend (Palentin 2007; Rauschenbach & Otto 2008). Ganztagsschulen – so die Annahme – sollten durch ihre Angebote dazu beitragen können, kognitive Leistungen der deutschen Schülerinnen und Schüler zu verbessern und herkunftsbedingte Bildungsungleichheiten zu mindern. Weiterhin wurden positive Wirkungen auch im Hinblick auf die soziale Entwicklung und Integration der Heranwachsenden erwartet (Coelen 2006).

Mit Blick auf die Schulentwicklung wurde angenommen, dass durch den Ganztagsbetrieb eine thematische und konzeptionelle Ausweitung der unterrichtszentrierten Halbtagsschule um andere Bildungsinhalte und Lernformen stattfindet (Pesch 2006). Zum anderen wurden Ganztagsschulen mit einer Öffnung nach außen (Oerter 2004) und dem Einbezug weiterer pädagogisch tätigen Personals jenseits von Lehrkräften assoziiert.

Ob Ganztagsschulen diesen Erwartungen bisher gerecht werden können, kann mithilfe der Studie zur Entwicklung von Ganztagsschulen (StEG) überprüft werden. Im vorliegenden Beitrag werden dabei Wirkungen der Ganztagsschule auf die individuelle Entwicklung von Schülerinnen und Schülern in der Sekundarstufe I sowie Aspekte der Schulentwicklung fokussiert. Auswirkungen auf die Familie, die in StEG auch untersucht wurden, werden an anderer Stelle ausführlich erläutert (z.B. Züchner 2011).

Die Studie zur Entwicklung von Ganztagsschulen (StEG)

StEG wurde als Begleitstudie zum IZBB-Programm vom Bundesministerium für Bildung und Forschung und dem Europäischen Sozialfonds gefördert. Es handelt sich um ein Kooperationsprojekt des Deutschen Instituts für Internationale Pädagogische Forschung (DIPF) in Frankfurt am Main, des Deutschen Jugendinstituts (DJI) in München, des Instituts für Schulentwicklungsforschung (IFS) der Technischen Universität Dortmund und der Justus-Liebig-Universität Gießen (JLU).

In den Jahren 2005, 2007 und 2009 wurden in 14 der 16 Bundesländer mittels Fragebogen Daten an 371 Ganztagsschulen erhoben. Es wurden sowohl Schülerinnen und Schüler der Klassenstufen 3, 5, 7 und 9, ihre Eltern, als auch Schulleitungen, Lehrkräfte, weiteres pädagogisch tätiges Personal und Kooperationspartner von Ganztagsschulen befragt. Eine ausführliche Darstellung der Anlage der Studie findet sich in Furthmüller u.a. (2011).

Eine längsschnittliche Auswertungsperspektive ergibt sich sowohl auf Ebene der Schulen als auch individuell für die Schülerinnen und Schüler, die 2005 erstmals und 2009 zum letzten Mal befragt wurden (vgl. Abbildung 1). Durch die Beschreibung individueller Entwicklungen gibt die Studie über individuelle Auswirkungen des Ganztags genauso Auskunft wie über Veränderungen auf Schulebene.

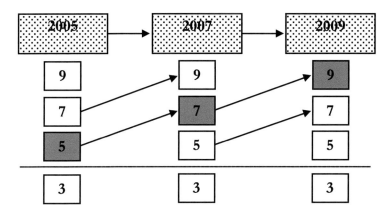

Abbildung 1: Übersicht über die längsschnittlichen Untersuchungsperspektiven bei Schülerinnen und Schülern (und Eltern) auf Individualebene (horizontal) und Schulebene (vertikal).

Ergebnisse

Anknüpfend an die eingangs dargestellten Erwartungen werden hier exemplarisch StEG-Ergebnisse erläutert. Dabei ist anzumerken, dass sich auch die Forschung zur Ganztagsschule seit Beginn der Studie immens entwickelt hat. So nehmen sich weitere (teilweise auch BMBF-geförderte) Projekte spezifischen Fragestellungen an und haben hier inzwischen beeindruckende Publikationen vorgelegt.

Aufgabe von StEG war es, zunächst einen breiteren Überblick über die deutsche Ganztagsschullandschaft 2005 und die Entwicklung der einbezogenen Schulen zu geben. Dieser Beitrag fasst wichtige Ergebnisse dieser Studie zusammen.

Teilnahme und soziale Selektivität

Damit Ganztagsschule die an sie geknüpften Hoffnungen erfüllen kann, ist sie auf eine möglichst umfassende und kontinuierliche Teilnahme der Schülerinnen und Schüler angewiesen. In den meisten in StEG untersuchten Ganztagsschulen werden die Angebote der Schule von mehr als der Hälfte der Schülerinnen und Schüler genutzt (Holtappels, Jarsinski & Rollett 2011). Allerdings legen die Daten nahe, dass gerade in den *offenen* Ganztagsschulen eine gewisse soziale Selektivität vorhanden ist und dass insbesondere in offenen Ganztags*grund*schulen die Ganztagsangebote eher von Kindern aus bildungsnahen Schichten genutzt werden (Holtappels, Jarsinski & Rollett 2011; Steiner 2011)[1]. Unter anderem hängt diese Selektivität vermutlich damit zusammen, dass die Berufstätigkeit beider Eltern (bzw. der Mütter) in der Grundschule der wichtigste Beweggrund für die Teilnahme ist, d.h. in der Grundschule ist die Vereinbarkeit von Familie und Beruf wichtigstes Teilnahmemotiv. Die abnehmende Bedeutung dieses Aspekts zeigt sich auch darin, dass die Mehrheit der älteren Schülerinnen und Schüler die Angebote nur maximal zweimal pro Woche besucht, während in der Grundschule die meisten Kinder, die am Ganztag teilnehmen, dies die ganze Woche über tun (StEG-Konsortium, 2010). Es zeigt sich jedoch immer wieder, dass gerade die Dauer und Regelmäßigkeit des Ganztagsbesuches positive Wirkungen haben (z.B. Kuhn & Fischer 2011a). Ein Ansatzpunkt, die Teilnahmebereitschaft auch in höheren Klassen aufrechtzuerhalten, ergibt sich über einen weiteren StEG-Befund:

---

[1] In der wissenschaftlichen Begleitung der offenen Ganztagsgrundschulen in NRW zeigte sich, dass der bedeutendste *Hinderungs*grund für eine Teilnahme am Ganztag bei Kindern aus Familien mit niedrigem Sozialstatus der Aspekt der Kosten war (vgl. Beher u.a., 2007, Prein, Rauschenbach & Züchner, 2009).

Jugendliche scheinen besonders dann dauerhaft über die Sekundarstufe I hinweg an Angeboten der offenen Ganztagsschule teilzunehmen, wenn sie bereits in der fünften Klasse dabei waren (Steiner 2011).

Im Hinblick auf die Bildungsbeteiligung aller Kinder ergibt sich ein interessanter Befund in StEG: Wenn Kinder aus bildungsferneren Familien am Ganztag teilnehmen, so gelingt es, diesen Schülerinnen und Schülern, gerade im Vergleich mit organisierten außerschulischen sportlichen und musischen Aktivitäten, über die Ganztagsschule einen Zugang zu außerunterrichtlichen Bildungsfeldern zu ermöglichen (Züchner & Arnoldt 2011[2]).

Angebotsvielfalt und -qualität

Hohe Teilnahmequoten im Ganztag sind nicht nur ein Zeichen der Akzeptanz sondern haben sich auch als Voraussetzung für eine große Angebotsvielfalt erwiesen (Holtappels, Jarsinski & Rollett 2011). StEG zeigt, dass die meisten Schulen ein vielfältiges Angebot bieten (Rollett u.a. 2011). Im Zusammenhang mit Wirkungen auf die Schülerinnen und Schüler zeigte sich jedoch insbesondere die Qualität der pädagogischen Angebote und weniger die Angebotsbreite als wirksam. Allerdings beurteilen die Schülerinnen und Schüler die Qualität in den Angeboten besser, wenn sie zwischen vielen verschiedenen Ganztagsaktivitäten wählen können (Brümmer, Rollett & Fischer 2011). Die Zahl der Auswahlmöglichkeiten ist natürlich mit der angebotenen Vielfalt verknüpft.

Qualitativ hochwertige Angebote sind gekennzeichnet durch motivierende Ansätze, Partizipationsmöglichkeiten, Herausforderungen und kognitive Aktivierung sowie ein gute Beziehung zu den Betreuenden. Durchschnittlich (über alle untersuchten Jahrgangsstufen) blieb die Beurteilung der Qualität anhand dieser Merkmale über die Messzeitpunkte der Studie hinweg gleich (Brümmer, Rollett & Fischer 2011).

---

[2] Vgl. auch Lehmann-Wermser u.a. (2010).

Mit zunehmendem Alter beurteilen die Teilnehmenden die Angebote jedoch kritischer, dies geht, wie oben erläutert, mit einer selteneren Inanspruchnahme einher. Hinzukommt, dass die Freiwilligkeit der Teilnahme einen relevanten Aspekt für die Bewertung der Angebotsqualität darstellt: Schülerinnen und Schüler die sich selbst aktiv für die Teilnahme in einem Angebot entschieden haben, bewerten es auch positiver (Brümmer, Rollett & Fischer 2011). Dies gilt auch im Hinblick auf die generelle Teilnahme am Ganztagsbetrieb.

Hinsichtlich der Bewertung unterschiedlicher Organisationsformen der Ganztagsschule ergibt sich damit ein Konflikt: Einerseits ist eine kontinuierliche Teilnahme ausschlaggebend für positive Entwicklungen, andererseits nehmen die Schülerinnen und Schüler, die freiwillig teilnehmen, die Angebotsqualität als positiver wahr, was, wie im Folgenden erläutert wird, wiederum mit positiven individuellen Entwicklungen zusammenhängt (Brümmer, Rollett & Fischer 2011).

Individuelle Wirkungen auf Schülerinnen und Schüler

Anhand der Längsschnittkohorte (Abb.1) kann überprüft werden, ob der Besuch an Ganztagsangeboten für die Schülerinnen und Schüler mit einem Kompetenzzuwachs verbunden ist. Durch den Vergleich der Schülerinnen und Schüler der Sekundarstufe I, die die Ganztagsangebote an ihrer Schule genutzt haben, mit ihren Mitschülerinnen und -schülern, die keine Angebote besuchten, lässt sich überprüfen, inwieweit sich die Teilnahme an Ganztagsangeboten auf die individuelle Entwicklung von Schulleistungen und Sozialverhalten auswirkt.

Schülerinnen und Schüler die über einen längeren Zeitraum[3] am Ganztagsbetrieb ihrer Schule partizipieren, entwickeln sich besser hinsichtlich problematischen Verhaltens in der Schule (Fischer, Kuhn & Züchner 2011).

---

[3] Die Schülerinnen und Schüler haben an mindestens 2 Messzeitpunkten am Ganztagsbetrieb teilgenommen.

D.h. sie stören langfristig weniger im Unterricht und weisen auch weniger aggressive Verhaltensweisen auf. Zusätzlich wirken sich hier eine hohe Qualität der Ganztagsangebote und der Beziehungen zum Personal, das die Angebote durchführt, im Sinne einer Minderung des problematischen Verhaltens aus. Über den Besuch von Ganztagsschulen können aber nicht nur unerwünschte Verhaltensweisen abgebaut werden, es kann auch prosoziales Verhalten gefördert werden. So entwickelt sich die soziale Verantwortungsübernahme der Schülerinnen und Schüler besonders gut, wenn die Angebotsqualität hoch ist (Fischer, Kuhn & Züchner 2011).

Dass Ganztagsschulen soziales Lernen fördern, ist indes kein neuer Befund[4]. Vermittelt über das Sozialverhalten zeigt sich in StEG aber auch eine Wirkung auf Schulleistungen: Über die insgesamt bessere Entwicklung des Sozialverhaltens der Ganztagsschülerinnen und -schüler entwickeln sich auch die Schulnoten besser (Kuhn & Fischer 2011b).

StEG zeigt aber auch unabhängig vom Sozialverhalten positive Effekte auf die schulischen Leistungen. So sinkt das Risiko eine Klassenstufe zu wiederholen bei dauerhafter Teilnahme an Ganztagsangeboten signifikant (Steiner 2011). Ganztagsschulen wirken also protektiv im Hinblick auf die schulische Laufbahn. Im Hinblick auf die Schulnoten ist dieser Effekt nicht immer eindeutig. Schulnoten werden im Verlauf der Schulkarriere normalerweise tendenziell schlechter. Bei Ganztagsschülerinnen und -schülern zeigt sich jedoch, dass sich die Schulnoten in einem geringeren Ausmaß verschlechtern. Voraussetzungen sind hier aber eine intensive Teilnahme (mehr als 2 Tage pro Woche) und eine hohe Angebotsqualität (Kuhn & Fischer 2011a).

---

[4] für eine zusammenfassende Darstellung älterer Untersuchungen: Radisch (2009).

Kooperation, Personal und Verknüpfung von Angeboten und Unterricht

Durch den Ausbau zur Ganztagsschule wird u.a. eine Öffnung der Schule nach außen angestrebt. Die meisten Schulen der StEG-Stichprobe kooperieren mit externen Partnern. Vornehmlich sind dies Sportvereine, die Kinder- und Jugendhilfe oder Angebote aus der kulturellen Bildung (Arnoldt 2011).

Die Befürchtung vieler Freizeitorganisationen, dass es durch die Ganztagsschule zu einem Rückgang außerschulischer organisierter Freizeitaktivitäten kommt, kann mit StEG nicht bestätigt werden. Vielmehr deutet sich tendenziell ein „Anwerbeeffekt" an: Wenn Vereine mit Schulen kooperieren, gewinnen sie über die Ganztagsschule neue Mitglieder für ihre Aktivitäten (Züchner & Arnoldt 2011).

Diese Kooperationspartner stellen zum Teil auch das Personal, das die Angebote durchführt. StEG zeigt: Während an Sekundarschulen vermehrt Lehrkräfte im Ganztag zum Einsatz kommen, übernimmt an Primarschulen zumeist zusätzliches pädagogisches Personal die Betreuung (StEG-Konsortium 2010). Wichtige Qualitätsmerkmale in Bezug auf das weitere pädagogisch tätige Personal sind Stabilität und Umfang der Anstellungsverhältnisse. StEG zeigt, dass eine geringere zeitliche Dauer der Beschäftigung mit weniger Kooperation, geringerer Innovationsbereitschaft und weniger Identifizierung des Personals mit der Schule einhergeht (Steiner 2010). Auch eine Beschäftigung des Personals mit einem höheren Stundenkontingent scheint die Einbindung in den Schulalltag zu fördern (Tillmann & Rollett 2010).

Hinsichtlich der schulinternen Kooperation kann (auch) für die in StEG untersuchten ganztägig arbeitende Schulen festgehalten werden, dass die Kooperation sowohl innerhalb der Lehrerschaft als auch zwischen Lehrerschaft und weiterem pädagogischem Personal hinsichtlich Intensität und Qualität noch ausbaufähig ist (vgl. Arnoldt 2008) und dass sie besser funktioniert, wenn das Personal hauptamtlich beschäftigt ist (Arnoldt 2011).

Die „multiprofessionelle"[5] Kooperation wird insbesondere im Hinblick auf ein weiteres Qualitätsmerkmal der Ganztagsschule diskutiert: die Verbindung zwischen Angebot und Unterricht (Haenisch 2010). Die Verankerung einer solchen Verbindung im Schulkonzept ist nach KMK sogar konstitutives Merkmal von Ganztagsschulen (Ständiges Sekretariat der KMK 2008). Eine Untersuchung, die Wirkungen der Verknüpfung auf Schülerinnen und Schüler nachgewiesen hat, ist uns allerdings nicht bekannt. Hier besteht weiterer Forschungsbedarf. Auf Basis der StEG-Daten lässt sich zeigen, dass die Verknüpfung besonders an Primarschulen und in Bezug auf bildungsnahe Angebote gelingt (Arnoldt 2011). Gemeinsame Fortbildungen von Lehrkräften und weiterem pädagogisch tätigen Personal scheinen hier besonders erfolgversprechend. Es zeigt sich aber, dass solche gemeinsame Veranstaltungen nur dann durchgeführt werden, wenn Kooperationen langfristig angelegt sind (Arnoldt 2011).

Fazit

Mit den referierten StEG-Befunden lassen sich die eingangs skizzierten Erwartungen an die Ganztagsschule überprüfen. Die Antwort lautet allerdings in Bezug auf alle untersuchten Aspekte: Ganztagsschule *kann* diese Erwartungen unter Umständen erfüllen, wenn bestimmte Voraussetzungen gegeben sind.

So zeigt sich im Hinblick auf die individuelle Förderung von Schülerinnen und Schülern, dass längere Schulöffnungszeiten alleine meist nicht ausreichen, um spezifische Förderung zu leisten. Die Studie macht vielmehr deutlich, dass die Qualität der Schule und der Angebote einflussreich ist. Dass nicht alle in StEG beteiligten Schulen diese Qualitätsansprüche gleichermaßen erfüllen, führt dazu, dass in der Studie oft nur sehr kleine Effekte der Ganztagsteilnahme gefunden werden.

StEG zeigt auch Bedarfe hinsichtlich des Abbaus sozialer Ungleichheit auf.

---

[5] Tillmann, 2011.

Die Voraussetzung einer gleichmäßigen Teilnahme aller sozialen Schichten am Ganztag scheint in der Grundschule (noch) nicht erfüllt. Es ergeben sich jedoch Hinweise auf ein Potenzial der Ganztagsschule, gerade für Kinder aus bildungsferneren Schichten die Möglichkeiten der Bildungsteilhabe zu verbessern.

Hinsichtlich der Schulentwicklung zeigt sich, dass die Schulen ihr Bildungsangebot anreichern und in der Regel mit Kooperationspartnern zusammenarbeiten. Auch hier ergibt sich allerdings in einigen Schulen noch Entwicklungsbedarf. StEG kann auch keine verbindlichen und allgemeingültigen Empfehlungen mit Blick auf die Organisationsform der Schule geben. Genauso wie für Halbtagsschulen muss letztlich auch für Ganztagsschulen die Einzelschule als Handlungseinheit für Qualitätsentwicklung betrachtet werden (Fend 1987; vgl. auch Wegner & Tamke 2009).

Wie geht's weiter?

Abschließend soll ein kleiner Ausblick gegeben werden: StEG wird weiterhin von BMBF und Europäischem Sozialfonds gefördert. Der Schwerpunkt der Verlängerungsstudie liegt nun allerdings auf der Qualität spezifischer Angebote und auf individuellen Wirkungen mit Blick auf Übergänge im Bildungssystem. Auf Basis der hier dargestellten Ergebnisse werden zwischen 2012 und 2014 spezifischere Angebote untersucht, um konkrete Gestaltungsempfehlungen für die Qualitätsentwicklung an Einzelschulen abzuleiten. Als Basis dient eine neue bundesweit repräsentative Erhebung der Gestaltungsmerkmale und Bedingungen der bundesdeutschen Ganztagsschullandschaft anhand einer Befragung von Schulleitungen.

Literatur

Arnoldt, B. (2008): Bildung gemeinsam gestalten - Ganztagsschule als multiprofessionelles Kooperationsprojekt. In: Schulmagazin, 5(10), S.9–12.

Arnoldt, B. (2011): Was haben die Angebote mit dem Unterricht zu tun? Zum Stand der Kooperation. In: Stecher, L./Krüger, H. H./Rauschenbach ,T. (Hrsg.): Ganztagsschule - Neue Schule? Eine Forschungsbilanz. Zeitschrift für Erziehungswissenschaft (Sonderheft 15): Wiesbaden: VS Verlag, S.95–107.

Beher, K., Haenisch, H., Hermens, C., Nordt, G., Prein, G. & Schulz, U. (2007): Die offene Ganztagsschule in der Entwicklung. Empirische Befunde zum Primarbereich in Nordrhein-Westfalen. Weinheim: Juventa.

Brümmer, F., Rollett, W. & Fischer, N. (2011): Prozessqualität der Ganztagsangebote aus Schülersicht - Zusammenhänge mit Angebots- und Schulmerkmalen. In: Fischer, N./Holtappels, H.G./Klieme, E./Rauschenbach, T./Stecher, L./Züchner, I. (Hrsg.): Ganztagsschule: Entwicklung, Qualität, Wirkungen: Längsschnittliche Befunde der Studie zur Entwicklung von Ganztagsschulen (StEG). Weinheim: Juventa, S.162–186.

Coelen, T. (2006): Ausbildung und Identitätsbildung. In: Otto, H.U./Oelkers (Hrsg.): Zeitgemäße Bildung. Herausforderung für Erziehungswissenschaft und Bildungspolitik. München/Basel: Ernst Reinhardt Verlag, S.131 – 148.

Fend, H. (1987): "Gute Schulen - schlechte Schulen". Die einzelne Schule als pädagogische Handlungseinheit. In: Steffens, U./Bargel, T. (Hrsg.): Erkundungen zur Wirksamkeit und Qualität von Schule. Wiesbaden: Hessisches Institut für Bildungsplanung und Schulentwicklung, S.55–79.

Fischer, N., Kuhn, H. P. & Züchner, I. (2011): Entwicklung von Sozialverhalten in der Ganztagsschule - Wirkungen der Ganztagsteilnahme und der Angebotsqualität. In: Fischer, N./Holtappels, H.G./Klieme, E./Rauschenbach, T./Stecher, L./Züchner, I. (Hrsg.): Ganztagsschule: Entwicklung, Qualität, Wirkungen: Längsschnittliche Befunde der Studie zur Entwicklung von Ganztagsschulen (StEG). Weinheim: Juventa, S.246–266.

Furthmüller, P., Neumann, D., Quellenberg, H., Steiner, C. & Züchner, I. (2011): Die Studie zur Entwicklung von Ganztagsschulen. Beschreibung des Designs und Entwicklung der Stichprobe. In: Fischer, N./Holtappels, H.G./Klieme, E./Rauschenbach, T./Stecher, L./Züchner, I. (Hrsg.): Ganztagsschule: Entwicklung, Qualität, Wirkungen: Längsschnittliche Befunde der Studie zur Entwicklung von Ganztagsschulen (StEG). Weinheim: Juventa, S.30-56.

Haenisch, H. (2010): Bedingungen, Determinanten und Wirkungen der schulinternen Kooperation von Lehr- und Fachkräften in offenen Ganztagsschulen. In: Wissenschaftlicher Kooperationsverbund (Hrsg.): Kooperation im Ganztag. Erste Ergebnisse aus der Vertiefungsstudie der wissenschaftlichen Begleitung zur OGS, S.31–51.

Holtappels, H. G., Jarsinski, S.& Rollett, W. (2011): Teilnahme als Qualitätsmerkmal für Ganztagsschulen. Entwicklung von Schülerteilnahmequoten auf Schulebene. In: Fischer, N./Holtappels, H.G./Klieme, E./Rauschenbach, T./Stecher, L./Züchner, I. (Hrsg.): Ganztagsschule: Entwicklung, Qualität,

Wirkungen: Längsschnittliche Befunde der Studie zur Entwicklung von Ganztagsschulen (StEG). Weinheim: Juventa, S.97–119.

Kuhn, H. P. & Fischer, N. (2011a): Entwicklung der Schulnoten in der Ganztagsschule. Einflüsse der Ganztagsteilnahme und der Angebotsqualität. In: Fischer, N./Holtappels, H.G./Klieme, E./Rauschenbach, T./Stecher, L./Züchner, I. (Hrsg.): Ganztagsschule: Entwicklung, Qualität, Wirkungen: Längsschnittliche Befunde der Studie zur Entwicklung von Ganztagsschulen (StEG). Weinheim: Juventa, S.207–226.

Kuhn, H. P. & Fischer, N. (2011b): Zusammenhänge zwischen Schulnoten und problematischem Sozialverhalten in der Ganztagsschule: Entwickeln sich Ganztagsschüler/-innen besser? In: Stecher, L./Krüger, H. H./Rauschenbach ,T. (Hrsg.): Ganztagsschule - Neue Schule? Eine Forschungsbilanz. Zeitschrift für Erziehungswissenschaft (Sonderheft 15): Wiesbaden: VS Verlag, S.143-162, DOI: 10.1007/s11618-011-0232-1.

Lehmann-Wermser, A., Naacke, S., Nonte, S.& Ritter, B. (Hrsg.) (2010): Musisch-kulturelle Bildung an Ganztagsschulen. Weinheim: Juventa.

Oerter, R. (2004): Ganztagsschule – Schule der Zukunft? Ein Plädoyer aus psychologischer Sicht. In: Appel, S./Ludwig, H./Rother, U./Rutz, G. (Hrsg.): Jahrbuch Ganztagsschule. Neue Chancen für die Bildung. Schwalbach/Ts.: Wochenschau Verlag, S.10–24.

Palentin, C. (2007): Die Ganztagsschule – als Möglichkeit zur Überwindung ungleicher Bildungschancen. In: Harring, M./Rohlfs, C./Palentien, C. (Hrsg.): Perspektiven der Bildung. Kinder und Jugendliche in formellen, nicht-formellen und informellen Bildungsprozessen. Wiesbaden: VS Verlag, S.279 – 290.

Pesch, L. (2006): Qualitätsmerkmale für Ganztagsangebote. In: Knauer, S./Durdel, A. (Hrsg.): Die neue Ganztagsschule. Weinheim: Beltz, S.58-63.

Prein, G., Rauschenbach, T. & Züchner, I. (2009): Eine Schule für alle? Analysen zur Selektivität von offenen Ganztagsschulen. In: Prüß, F./Kortas, S./Schöpa, M. (Hrsg.): Die Ganztagsschule: von der Theorie zur Praxis. Anforderungen und Perspektiven für Erziehungswissenschaft und Schulentwicklung.. Weinheim: Juventa, S.81–99.

Rauschenbach, T. /Otto, H.U. (2008²): Die neue Bildungsdebatte. In: Otto, H.-U./Rauschenbach, T.(Hrsg.): Die andere Seite der Bildung. Zum Verhältnis von formellen und informellen Bildungsprozessen. Wiesbaden: VS Verlag, S.8 -16.

Rollett, W., Lossen, K., Jarsinski, S., Lüpschen, N. & Holtappels, H. G. (2011): Außerunterrichtliche Angebotsstruktur an Ganztagsschulen Entwicklungstrends und Entwicklungsbedingungen. In: Fischer, N./Holtappels, H.G./Klieme, E./Rauschenbach, T./Stecher, L./Züchner, I. (Hrsg.): Ganztagsschule: Entwicklung, Qualität, Wirkungen: Längsschnittliche Befunde der Studie zur Entwicklung von Ganztagsschulen (StEG). Weinheim: Juventa, S.76– 96.

Sekretariat der Ständigen Konferenz der Kultusminister der Länder in der Bundesrepublik Deutschland. (2008): Allgemein bildende Schulen in Ganztagsform in den Ländern in der Bundesrepublik Deutschland.: Statistik 2002 bis 2006. Bonn.

StEG-Konsortium. (2010): Ganztagsschule: Entwicklung und Wirkungen. Ergebnisse der Studie zur Entwicklung von Ganztagsschulen 2005-2010. Frankfurt a.M.: DIPF.

Steiner, C. (2010): Multiprofessionell arbeiten im Ganztag: Ideal, Illusion oder Realität? In: Der pädagogische Blick, 18, S.22–36.

Steiner, C. (2011): Teilnahme am Ganztagsbetrieb. Zeitliche Entwicklung und mögliche Selektionseffekte. In: Fischer, N./Holtappels, H.G./Klieme, E./Rauschenbach, T./Stecher, L./Züchner, I. (Hrsg.): Ganztagsschule: Entwicklung, Qualität, Wirkungen: Längsschnittliche Befunde der Studie zur Entwicklung von Ganztagsschulen (StEG). Weinheim: Juventa, S.57–76.

Tillmann, K. & Rollett, W. (2010): Die Bedeutung personeller Ressourcen für innerschulische Kooperation an Ganztagsschulen in Deutschland. In: Schwarz, B./Nenniger, P./Jäger, R.S.(Hrsg.): Erziehungswissenschaftliche Forschung - Nachhaltige Bildung. Landau: Empirische Pädagogik, S.114–120.

Wegner, B. & Tamke, F. (2009): Organisationsmodelle und ihre Umsetzung. In: Merkens, H. /Schründer-Lenzen, A./Kuper, H. (Hrsg.): Ganztagsorganisation im Grundschulbereich. Münster: Waxmann, S.151–166.

Wiere, A. (2011). Warum Ganztagsschule? Rekonstruktion einer bildungspolitischen Kampagne. In: Gängler, H./Markert, T. (Hrsg.): Vision und Alltag der Ganztagsschule. Weinheim: Juventa, S.13 – 23.

Züchner, I. (2011): Ganztagsschulen und Familienleben. Auswirkungen des ganztägigen Schulbesuchs. In: Fischer, N./Holtappels, H.G./Klieme, E./Rauschenbach, T./Stecher, L./Züchner, I. (Hrsg.): Ganztagsschule: Entwicklung, Qualität, Wirkungen: Längsschnittliche Befunde der Studie zur Entwicklung von Ganztagsschulen (StEG). Weinheim: Juventa, S.291–311.

Züchner, I. & Arnoldt, B. (2011): Schulische und außerschulische Freizeit- und Bildungsaktivitäten. Teilhabe und Wechselwirkungen. In: Fischer, N./ Holtappels, H.G./Klieme, E./Rauschenbach, T./Stecher, L./Züchner, I. (Hrsg.): Ganztagsschule: Entwicklung, Qualität, Wirkungen: Längsschnittliche Befunde der Studie zur Entwicklung von Ganztagsschulen (StEG). Weinheim: Juventa, S.267–290.

Zu den Autorinnen und Autoren

Dr. Natalie Fischer ist wissenschaftliche Mitarbeiterin in der Arbeitseinheit „Bildungsqualität und Evaluation" am DIPF und Projektkoordinatorin StEG.

Markus N. Sauerwein ist wissenschaftlicher Mitarbeiter in der Arbeitseinheit „Bildungsqualität und Evaluation" am DIPF.

M. Sc. Désirée Theis ist wissenschaftliche Mitarbeiterin in der Arbeitseinheit „Bildungsqualität und Evaluation" am DIPF.

Abschnitt II:

Schulentwicklung und Schulorganisation

Silvia Dollinger

„Gute" Ganztagsschule auf dem Weg ? - Die Frage nach Schlüsselfaktoren einer innovativen Ganztagsschulentwicklung

> „Just as there are many different ways to fail, there is more than one way to succeed."
> (Fullan 1985, S.399)

Mit der Implementierung gebundener Ganztagsschulen verbindet sich die einmalige Chance, Schule zu einschneidenden, innovativen Schulentwicklungsprozessen anzuregen und gemäß Hartmut von Hentig „Schule neu [zu] denken" (Hentig 2003, S.1) – dies erfordert Mut, pädagogische Leidenschaft und Visionen, aber: auch die nötigen Rahmenbedingungen.
Die bildungspolitischen und administrativen Rahmenvorgaben lassen dazu (sowohl auf Bundes- als) besonders auch Landesebene, speziell auch im Bundesland Bayern, breite Gestaltungsspielräume und zeigen, dass man erst ein Stück des Weges zurückgelegt hat. Dabei erfolgt der Ganztagsschulausbau in den einzelnen Ländern in unterschiedlicher Geschwindigkeit, Quantität aber auch Qualität sowie bei Schwerpunktsetzung auf unterschiedlichen Konzepten und den damit verbundenen Rahmenbedingungen. Dies führt dazu, dass auch im Bundesland Bayern die Schulentwicklungsprozesse sowohl an der Einzelschule als auch systemisch betrachtet an den einzelnen Schularten unterschiedlich weit vorangeschritten sind (z.B. ist der quantitative Umwandlungsprozess an den Hauptschulen bereits wesentlich weiter vollzogen als an Gymnasien, so dass letztere v.a. auch auf den Praxistransfer anderer Schularten zurückgreifen müssen).
Die Umstrukturierung von der Halbtags- zur Ganztagsschule stellt die Einzelschule vor gravierende neue Herausforderungen, wobei sich spezifische Faktoren als hemmend oder förderlich für das Veränderungsmanagement und den Schulentwicklungsprozess des im Vorfeld visionär entworfenen Ganztagskonzeptes in

der Schulrealität ausmachen lassen. Vorliegender Beitrag soll einige Faktoren anhand ausgewählter Ergebnissen einer qualitativen Studie (vgl. Dollinger 2012) aufzeigen und versucht schließlich exemplarische Gestaltungsempfehlungen für die Schulpraxis auf wissenschaftlich-pädagogischer Grundlage zu geben. Das zu Grunde liegende Forschungsvorhaben war dabei als vergleichende Fallstudie angelegt und wollte Strukturen, Formen und Schulentwicklungsverläufe gebundener Ganztagsschulen in Bayern vor dem Hintergrund eines pädagogischen Bezugsrahmens analysieren und in Form von Einzelschulporträts beschreiben (vgl. Dollinger 2012).

1. Ganztagsschule – eine Innovation?!
   Oder: Kein neuer Weg ohne Hindernisse, Umwege, Widerstände und Stolpersteine...

Damit die Institution Schule in der sich ständig wandelnden Umwelt und Gesellschaft bestehen kann, ist es erforderlich, dass sie auf diesen Wandel reagiert und sich den Herausforderungen annimmt (vgl. Matthäi 2009; Koch 2011, S.13 ff; Biermann 2007, S.11). Bereits 1969 verwies Thompson dabei auf die Notwendigkeit der Aufnahmefähigkeit einer Organisation für Innovationen und damit auf eine grundsätzliche Offenheit gegenüber dem Wandel und der Veränderung einer Organisation (vgl. Thompson 1969, S.5). Angesichts der Ableitung vom lateinischen Terminus *innovatio* und dem Wortstamm *novus* kann eine Innovation immer auch neue Organisationsformen oder die Änderung eines sozialen Systems implizieren (vgl. Aregger 1976, S.118; Kieser 1969, S.742), wie beispielsweise die Schulorganisation der Ganztagsschule, welche im deutschen und besonders bayerischen Schulsystem nicht historisch gewachsen ist und daher durchaus Merkmale einer Innovation aufzeigt (vgl. Dollinger 2012, S. 110-125). Ein zentraler Bestandteil einer Innovation ist dabei immer auch der Widerstand (vgl. Zapf 1986, S.169; Hunneshagen 2005, S.40ff).

Rolff führt hierzu umfassend aus, dass Innovationen im Handlungsfeld Schule nicht unbedingt auf uneingeschränkten Zuspruch stoßen: „Es ist (...) kaum damit zu rechnen, dass Schulleiter, Lehrer und Schulaufsicht für Innovationen und Reformen von vornherein aufgeschlossen sind. Eher sind Widerstand und Angst zu erwarten. Diese Resistenz ist ein allgemeines Phänomen, das viele Ursachen hat: Dazu gehören zum Beispiel die Anstrengungen, die durch die Notwendigkeit des Um- und Dazulernens entstehen, der Widerwille gegen aufgezwungene Änderungen, der mögliche Verlust tradierter persönlicher Bindungen, die Angst, in der neuen Situation nicht mehr so gut bestehen zu können, oder Uneinsichtigkeit in die Beweggründe der Erfordernis des Wandels. Aber es gibt auch gute und berechtigte Gründe, sich gegen Wandel zu wehren (z.B. Arbeitsüberlastung oder Kritik an der Intention des Wandels)" (Rolff 1995, S.154f). Wenn Widerstände auch die Implementierung von Ganztagsschule (kurzfristig) stören können, so sind diese nicht nur als hemmend zu bewerten, sondern bergen zudem durchaus Entwicklungspotentiale für die Einzelschule in sich. Opposition leistet meist einen Beitrag zur Diskussion und in der Folge auch zur konstruktiven Auseinandersetzung und (Weiter-)Entwicklung. Vergleicht man die Vorbehalte in der Initiierungsphase mit der sich später im Rahmen der Implementierung einstellenden pädagogischen Praxis, so haben Widerstände oftmals auch die Aufgabe, utopische und unrealistische (zuweilen auch heimliche) Erwartungen und Wunschvorstellungen gegenüber der Ganztagsklasse und -schule zu enthüllen oder gar möglicherweise an der Einzelschule ausufernde Innovationsprojekte auf eine realisierbare Größennorm zurückzustufen. Klein schreibt hierzu für einen gelingenden Innovationsprozess „die Voraussetzungen des Kennens, Könnens, Dürfens und Wollens" (Klein 1997, S.39, Hervorhebung im Original) fest. Dabei sind insbesondere die Akteure die treibenden Kräfte, welche den Ganztagsschulentwicklungsprozess tragen, vorantreiben und dabei Innovationswiderstände überwinden.

„Innovationen verdanken ihren Erfolg dem unbedingten Einsatz einzelner Personen" (Hauschildt 1993, S.109), so Hauschildt.

Dies begründet auch die Schlüsselposition der Schulleitung, besonders in den Phasen der Initiierung und Implementierung einer Ganztagsschule, sowie der ausgewählten Lehrkräfte in einer Ganztagsklasse – gerade im Einführungsjahr (vgl. hierzu Dollinger 2012, S.282; ebd. 2010, S.290ff). Dabei bestätigt sich, dass gemäß dem Schulkulturmodell Veränderungsprozesse der Schule nicht nur von der Organisationsstruktur, sondern v.a. von den Einstellungen und Verhaltungsänderungen des dortigen Personals abhängig sind (vgl. Dollinger 2012, S.290).

2. Schulentwicklung an (Ganztags-)Schulen
Oder: Bekannte Fährten nutzen!

Wie in den vorausgehenden Ausführungen skizziert, darf die anfängliche „Maßnahme" Ganztagsschule zweifelsohne als Innovation bezeichnet werden. Dabei handelt es sich bei der Einführung von Ganztagsschulen aber nicht nur um ein (bildungspolitisches) Programm oder eine innovative Maßnahme, sondern es muss durch die Einführung einer Ganztagsschule ein gravierender Schulentwicklungsprozess der jeweiligen Einzelschule angestoßen und vor allem auch nachhaltig begleitet und unterstützt werden. Schulentwicklung beschreibt gemäß dem aktuellen Verständnis nicht einen endlichen Prozess einer Maßnahme, sondern ist als kontinuierliche und zirkuläre Daueraufgabe und -herausforderung der Einzelschule zu sehen (vgl. Rolff/Buhren/Lindau-Bank/Müller 2011, S.13).

Um Schulentwicklung an Ganztagsschulen näher zu beleuchten, lohnt es, die beiden Wortbestandteile *ganztags* und *Schule* näher zu betrachten. Hierbei ist der entscheidende Begriff eindeutig Schule, da es sich bei der Ganztagsschule nicht um ein neues Schulsystem oder eine neue Schulform handelt, sondern in erster Linie um eine andere Organisationsform von Schule mit erweiterten pädagogischen Möglichkeiten und mehr verfügbarer Zeit zur Realisierung eines ganzheitlichen Bildungs- und Erziehungsauftrages.

Daher können Ergebnisse der Schulqualitätsforschung und das Wissen über die Qualitätsbereiche der Struktur-, Prozess- und Ergebnisqualität auch hier Gültigkeit für sich beanspruchen, bedürfen jedoch zwingend einer ganztagsspezifischen pädagogischen Ausdehnung und Ausgestaltung. Dabei kann man sich der Zielkonzeption von Schulen sowohl auf einer „allgemeinen Ebene" (Aurin 1982, S.17) als auch auf einer „konkreten Handlungsebene" (Ebd., S.17) nähern. Die Ziele von Ganztagsschule sind auf einer allgemeinen Ebene mittlerweile umfassend erörtert (vgl. Holtappels 2002; Kahl/Knauer 2007, v.a. Kap. 1 und Kap. 2) und entsprechen in weiten Teilen den bildungs-, familien- und sozialpolitischen Herausforderungen unserer Zeit aufgrund eines fortschreitenden gesellschaftlichen Wandels. Zentrales Handlungsfeld muss hierbei sein, die pädagogischen Zielsetzungen und Möglichkeiten noch mehr in eine Ganztagskonzeption und den damit verbundenen Qualitätsanforderungen zu integrieren. Das Erreichen dieser Ziele hängt jedoch immer auch stark von der konkreten praktischen Handlungsebene der Einzelschule im Schulalltag, den dortigen individuellen Beweggründen für die Einrichtung einer Ganztagsschule sowie den Gestaltungsspielräumen und Gestaltungszwänge der Akteure vor Ort ab, welche auch bei der Anwendung von Qualitätsstandards Beachtung finden müssen. Welche Faktoren diesen Schulentwicklungsprozess der Initiierung, Implementierung und Institutionalisierung von Ganztagsschule dabei beeinflussen, soll im Fokus des folgenden Punktes stehen.

3. Die Frage nach Gelingens- und Misslingensfaktoren der Ganztagsschulentwicklung
   Oder: Viele Wege führen zum Ziel, aber Wegmarken können helfen!

Es gestaltet sich als schwierig, eindeutige Gelingensfaktoren für einen Implementierungsprozess gebundener Ganztagsschulen zu analysieren – zumal sich in der Praxis das „Gelingen" häufig in Form von subjektiven Konstrukten manifestiert, welche durch die Beteiligten (z.B. Schulaufsicht, Schulleitung, Lehrer, Eltern, Schüler) und deren spezifischen – teils realistischen, teils unrealistischen – Erwartungen an Ganztagsschule entstehen. Es lassen sich jedoch durchaus Schlüsselfaktoren eruieren, welche eine erfolgreiche Umstrukturierung von der Halbtags- zur Ganztagsschule wahrscheinlich werden lassen. Zur Analyse von Schlüsselfaktoren kann bereits ein Blick zurück auf die Reformversuche der 1970er-Jahre und die damit verbundenen Forschungsergebnisse der Bund-Länder-Kommission für Bildungsplanung geworfen werden, da diese erstmals explizit Handlungsfelder der Ganztagsschulentwicklung aufzeigten und in Form der im Jahre 1981 veröffentlichten Auswertung Impulse zur Schulentwicklung an Ganztagsschulen lieferten (vgl. Ipfling 1981, S.6f). Hierbei führte Ipfling auch Faktoren auf, welche sich für die Realisierung eines Ganztagskonzeptes als problematisch darstellten, aber auch heute noch Gültigkeitsanspruch besitzen, wie beispielsweise das ungelöste zeitliche Rhythmisierungskonzept, die drohende Gefahr der Verschulung und Verplanung, die dringende Notwendigkeit von Freizeit und Erholung, die Lehrerbelastung, die unzureichende Integration der Hausaufgaben in die Gesamtkonzeption oder bestimmte Faktoren auf der Ebene der Rahmenbedingungen (vgl. Ipfling 1981, S.6f; S.68f).

3.1 Schlüsselfaktoren der Ganztagsschulentwicklung

Bereits nach Purkey und Smith sind Charakteristika wirksamer, erfolgreiche Schulen „der Samen, der auch andernorts gesät werden kann" (Purkey/Smith 1989, S 30). Dabei gewinnen für die gelungene Implementierung aber nicht nur harte Schlüsselfaktoren (Schlüsselfaktoren im engeren Sinne) an Bedeutung, welche sich auf der Ebene der Rahmenbedingungen, der Organisation und pädagogischen Ausgestaltung erkenntlich machen, sondern auch den weichen Schlüsselfaktoren (Schlüsselfaktoren im weiteren Sinne) kommt kapitale Bedeutung zu. Einen Auszug und Beispiele zu den analysierten Schlüsselfaktoren gibt Tabelle eins.

Die Struktur orientiert sich dabei an dem theoretisch fundierten und empirisch gesättigten pädagogischen Dimensionenmodell von Ganztagsschule (vgl. Dollinger 2012, S.86).

Tabelle 1: Schlüsselfaktoren im engeren Sinne (vgl. Dollinger 2012, S.253-262)

Ausgewählte Schlüsselfaktoren im engeren Sinne
Kontextdimension der 1. und 2. Ebene
Außerschulische und innerschulische Rahmenbedingungen
Sozialraumverankerung und Schulkultur einer Bildungsregion
Offenheit und Unterstützung des Schul-/Sachaufwandträgers
Erschließung umliegender Ressourcen und außerschulischer Kompetenzen
Ausgeprägte Kooperationskultur und Netzwerkstrukturen
Heterogene Zusammensetzung der Schülerschaft in der Ganztagsklasse
Steuerungsdimension
Kontextbezogene Faktoren der Steuerungsdimension
Lokale und regionale Unterstützungsstruktur von außen
Effektive Verwaltung
Kontinuität der Ansprechpartner und Unterstützungssysteme
Abstimmung der Schulorganisationsstruktur auf den Ganztag
Personaldimension der 1. Ebene: Steuerung durch die Schulleitung
Managementkompetenz
Partizipative Führungsqualität einer initiierenden Schulleitung
Ausgeprägtes Führungsethos
Anerkennung der Führungsrolle
Zielgerichtete und unterstützende Personalführung und -entwicklung
Kompetenzen im Fundraising
Etablierung einer Steuergruppe
Qualitätsdimension
Gemeinsames Leitbild
Formulierung ganztagsspezifischer Entwicklungsziele
(Frühzeitige) Interne Zwischenevaluationen

Regelmäßige Fremdevaluationen und Qualitätsstandards
Gestaltungsdimension
Personaldimension der 2. Ebene
Akzeptanz und Partizipation des Ganztagskonzeptes im Lehrerkollegium
Kompetenzorientierter Personaleinsatz
Teambildung (L-L, L-Externe) und intensive Lehrerkooperation
Professionalisierung und Fortbildung des Personals
Kollegiale Beratung (z.B. Coaching Externer, Hospitation)
Regionale Netzwerkstrukturen (z.b. Fachtagungen)
Stabilität und Kontinuität des Personals
Mittel-, Raum- und Zeitdimension
Ausreichende Mittelausstattung
Sozialindikatorenbezogene Elemente der Ressourcenzuweisung
Effektive Mittelbewirtschaftung
Konzeptionell abgestimmte und hinreichende Raumausstattung
Aufenthaltsqualität der Schule
Gebäudemanagement- und Raumnutzungskonzept
Rhythmisiertes Zeitkonzept
Inhalts- und Zieldimension
Passung und Dynamik des pädagogischen Ganztagskonzeptes
Zielklarheit im Ganztagsprofil bzw. dessen Subkonzepten
Fokus auf einer gewandelten Lehr- und Lernkultur
Organisatorisches und pädagogisches Mittagsverpflegungskonzept
Partizipation von Schülern und Eltern
Öffnung der Schule
Ausgewogenheit des Freizeitangebotes

Diese Zusammenschau erhebt keinen Absolutheitsanspruch, sondern es handelt sich um relative, jedoch signifikante Dimensionen zur weiteren Orientierung bei den Schulentwicklungsplanungen (z.B. dem Ausbau der weiterführenden Schularten), Schulentwicklungsprozessen an der Einzelschule oder Maßnahmen zur gezielten Qualitätsentwicklung und -sicherung.

Neben diesen Schlüsselfaktoren im engeren Sinne lassen sich aber auch Faktoren ermitteln, welche im Folgenden als weiche Faktoren betitelt werden und worüber Tabelle zwei eine Zusammenschau liefert. Hierbei erweist sich insbesondere das Sockelniveau des Entwicklungsstandes der Einzelschule vor der Umwandlung in eine Ganztagsschule als zentraler Faktor, da die Qualitätsentwicklung einer Ganztagsschule immer auf dem Entwicklungsstand der bisherigen Halbtagsschule aufbaut. So bereitet die Integration von Hausaufgaben in den rhythmisierten Schultag einer Ganztagsschule weniger Probleme, wenn sich an der Einzelschule bereits in der bisherigen halbtägigen Lehr- und Lernkultur offene Unterrichtsformen (z.B. Wochenplanarbeit, Projektunterricht) und multiple Maßnahmen der individuellen Förderung finden. Gute Schulen sind dabei aber auch nicht „in jeder Hinsicht perfekt, aber sie zeichnen sich meist durch stärkere Bewusstheit ihrer Probleme aus" (Aurin 1989, S.11), so dass es für die nachhaltige Implementierung des Ganztags eine aktive, kritisch-konstruktive und reflexive Haltung, Einstellung und Auseinandersetzung der Einzelschule mit den Entwicklungsprozessen unabdingbar ist.

Tabelle 2: Schlüsselfaktoren im weiteren Sinne (vgl. Dollinger 2012, S.262-264)

Ausgewählte Schlüsselfaktoren im weiteren Sinne
Sockelniveau des Entwicklungsstandes der Schul- und Lernkultur der Einzelschule vor der Umwandlung zur Ganztagsschule
Allgemeine Innovationsbereitschaft und Förderung von Schulentwicklung im Kollegium, der Schulfamilie und lokalen Bildungsregion
Geteilte Visionen und Zielsetzung des Ganztagskonzeptes
Problembewusstsein und hohe Erwartungshaltung
Ausgeprägte Corporate-Identity der Ganztagsschule vor Ort
Schaffung und Nutzung von Synergiepotenzialen und -effekten (z.B. offene und gebundene Modelle)
Keine lineare Implementierung, sondern Adaption

3.2 Auf den Kopf gestellt: Die Suche nach Misslingensfaktoren und Stolpersteinen

Begibt man sich auf die Analyse von Misslingensfaktoren für die Initiierung und Implementierung einer Ganztagsschule, so bietet es sich an, die Gelingensfaktoren einfach umzukehren oder das Fehlen dieser als hinderlich für den Innovationsprozess zu bewerten – was durchaus einen gewissen Geltungsanspruch behaupten kann. Dennoch lassen sich auf Grundlage der analysierten Schulporträts einige Faktoren herausarbeiten, welche an dieser Stelle exemplarisch genannt werden sollen (vgl. Dollinger 2012, S.264-265):

- *Unzureichende Selbst- und Managementkompetenz der Schulleitung*, verbunden mit einem fehlenden Innovations- und Durchsetzungspotential
- *Überforderung*, welche sich beispielsweise in zu hohen (gegenseitigen) Erwartungen aller am Ganztag Beteiligten äußern kann. Häufig existieren unterschiedliche, zuweilen auch heimliche Erwartungen, welche nicht offen artikuliert und austariert sind. Ebenso kann die Ursache der Überforderung auch in Fähigkeitsbarrieren aufgrund mangelnder Kompetenzen und Wissensdefiziten über den komplexen Gegenstandsbereich der Ganztagsschule liegen, aber auch zu schnelles Voranschreiten im Initiierungs- und Implementierungsprozess der Einzelschule – häufig verbunden mit defizitären, intransparenten Kommunikationsstrukturen – lassen sich als Motive ausmachen.
- *Mangelnde Spezifizierung und Überfrachtung*
Ladenthin argumentiert folgerichtig: „Will die Schule ihre Aufgaben erfüllen, muss sie mehr tun, als nur ihre Aufgabe erfüllen" (Ladenthin 2005, S.256).

Dabei hat sich Ganztagsschule von Beginn an mit dem Leistungskatalog ihres Ganztagskonzeptes und dessen Realisierbarkeit offen und selbstkritisch auseinanderzusetzen, beispielsweise auch gegenüber der zuweilen utopischen Erwartungshaltung der Eltern.
Hier gilt es diese genau über die Leistungen der Ganztagsschule aufzuklären, aber auch die Pflichten und Erwartungen der Erziehungsberechtigten deutlich zu artikulieren und einzufordern. Um Ganztagsschule zu initiieren, implementieren und am Ende eines gelungenen Schulentwicklungsprozesses nachhaltig zu institutionalisieren ist es zwingend nötig, dass sich die Institution Schule frühzeitig gegen zu hohe Erwartungshaltungen und unrealistische Verantwortungszuschreibungen abgrenzt.

- *Interessenskollision*
- *Mangelnde Transparenz und Partizipation*, welche sich insbesondere in der Initiierungsphase nachhaltig auf die Akzeptanz des Ganztagskonzeptes im Kollegium auswirken.
- *Vielschichtige Passungsprobleme*, welche sich beispielsweise in unzureichend ausgeprägten Veränderungsstrategien offenbaren, aber auch indem Zielsetzungen des Ganztagskonzeptes und Realisierungsformen, Klassenzusammensetzungen und Personalstrukturen (z.B. Lehrertandems) nicht zueinander passen oder der Entwicklungsprozess von divergierenden (heimlichen) Erwartungen irritiert wird.
- *Diskontinuität in der Steuerungs- und Prozessdimension*
- *Pädagogische und/oder organisatorische Fehlplanung der Konzeption*
- *Individuelle Vorbehalte und Barrieren (z.B. Haltungen, Einstellungen zur Innovation innerhalb der Personaldimension)*
- *Ungenügend finanziell-materielle und räumliche Ausstattung*
- *(Strukturelle) Planungsunsicherheit*

Basierend auf diesen Schlüsselfaktoren konnten im Rahmen der dem Artikel zu Grunde liegenden wissenschaftlichen Studie vielfältige Handlungsempfehlungen abgeleitet werden, welche an dieser Stelle den Rahmen überschreiten würden. Um über die gelungene Implementierung einer Ganztagsschule aus der Perspektive der pädagogischen Qualität urteilen zu können, muss der Schulentwicklungsprozess der Einzelschule im zeitlichen Verlauf betrachtet werden, da gemäß der Innovationstheorie der Zeitpunkt der Messung erheblichen Einfluss auf das Urteil über das Gelingen haben kann. Die Realisierung einer gemeinsam getragenen, pädagogischen Vision Ganztagsschule muss angesichts der zeitlichen Dauer von Schulentwicklungsprozessen langfristig und solide angelegt sein, wie Senge in Form eines Bildes treffend veranschaulicht: „In allen Fällen, in denen Menschen tatsächlich eine langfristige Perspektive entwickeln, ist eine langfristige Vision im Spiel. Die Kathedralenbauer des Mittelalters arbeiteten ein Leben lang für ein Ziel, das erst hundert Jahre nach ihrem Tod erreicht sein würde. In Japan wird der Aufbau einer Organisation mit der Aufzucht eines Baumes verglichen: beides dauert fünfundzwanzig bis fünfzig Jahre. (...) In alle diesen Fällen verfolgen die Menschen eine Vision, die sich nur langfristig verwirklichen kann." (Senge 1996, S.257). Auch den Schulentwicklungsprozess hin zur Ganztagsschule kann man in mehrere Phasen mit spezifischen Herausforderungen untergliedern – das Wissen um diese Phasen könnte der Einzelschule behilflich sein, sich im Prozess zu verorten und realistisch auf dem Weg hin zur „guten" Ganztagsschule voranzuschreiten (vgl. Dollinger 2012, S.336-338).

4. Ausblick und Perspektiven
Oder: Bunte Blüten am Wegesrand...

„*Das zarte Pflänzchen Ganztagsschule, das manche auch für Unkraut hielten, hat inzwischen weit verzweigte Wurzeln geschlagen und bunte Blüten entwickelt*", so die bis 2010 amtierende DKJS-Vorsitzende Eva Luise Köhler in ihrer Eröffnungsrede zum 4. Ganztagsschulkongress 2007. Aufgrund dieses rasant ansteigenden quantitativen Ausbaus von Ganztagsschulen ist es unabdingbar und höchste Zeit, den Blick auf die Qualität von Ganztagsschulen in Bayern zu werfen um dem Tatbestand gegenzusteuern, dass alles sich Ganztagsschule nennt, „was nachmittags irgendetwas anbietet" (Appel/Rutz 2002b) und in der Folge zur von Holtappels betitelten „Ausbau-Qualitäts-Falle" (Holtappels 2005, S.17; Höhmann/Holtappels/Schnetzer 2004, S.288) gelangt. In bundesweiter Betrachtung lässt sich hierbei differenzieren zwischen Ländern mit einem eigenen Qualitätsrahmen für Ganztagsschulen, einem für alle Schulen bzw. Schularten geltenden Qualitätsrahmen mit ergänzenden ganztagsspezifische Kriterien sowie einem für alle Schulen bzw. Schularten gültigen Qualitätsrahmen ohne ganztagsspezifischen Kriterien (vgl. Menke 2009, S.41). In Bayern hat man sich letztlich für die Erarbeitung eines eigenen Qualitätsrahmens für die gebundene und für die offene Ganztagsschule entschieden, welcher zwar auf der externen Evaluation aufbaut, jedoch unabhängig davon Anwendung erfahren kann (vgl. Staatsinstitut für Schulqualität und Bildungsforschung 2011). Äußerst hilfreiche Impulse liefert ebenso der vom Institut für Schulentwicklungsforschung erarbeitete Qualitätsrahmen (vgl. Holtappels/Kamski/Schnetzer 2009, S.61-88). Wichtig ist hierbei, dass Qualitätsmerkmale und -standards nicht nur als bloße Kontrollinstrumente Verwendung finden; dann würde man die „bunten Blüten Ganztagsschule", deren Entwicklung sich in den letzten Jahren ohne enge Reglementierung und Zielvorgabe vollzogen hat, nachhaltig beschneiden und die gewährten Entwicklungsspielräume nachträglich sanktionieren.

Ein Qualitätsrahmen sollte zuvorderst Einsatz finden in der Schulbegleitung und des nachhaltigen Controllings, nicht verstanden als Kontrolle, sondern fundierter und verlässlicher Beratung. Schließlich darf die staatliche Institution Schule in Ganztagsschulen nicht mehr Lebenszeit unserer Kinder und Jugendlichen in Anspruch nehmen, wenn damit einher nicht gleichzeitig die Verpflichtung ergeht, für deren Lernen und Erfahrungen, Leben und Wohlbefinden, individueller Forderung und Förderung ein Optimum zu bieten. Hier ist es auch Aufgabe der Wissenschaft, auf diese Problematik und möglicherweise paradoxe Nebeneffekte frühzeitig hinzuweisen und Lösungsansätze zu entwickeln.

Literatur

Aregger, K. (1976): Innovationen in sozialen Systemen. Band 1. Einführung in die Innovationstheorie der Organisation. Stuttgart.

Aurin, K. (1982): Woran kranken unsere Schulen? Probleme des Zielkonzepts und des pädagogischen Konsenses. In: Aurin, K./Bronk, H. R./Hassenstein, B./Lübbe, H. (Hrsg.) (1982): Bleiben unsere Schulen sitzen? Beiträge zur Situation von Schule, Jugend und Gesellschaft in unserer Zeit. Freiburg, S.11-35.

Aurin, K. (1989): Einleitung. Das Interesse an der „guten Schule". In: Aurin, K. (Hrsg.) (1989): Gute Schulen – Worauf beruht ihre Wirksamkeit?. Bad Heilbrunn, S.9-12.

Biermann, Ch. (2007): Wie kommt Neues in die Schule? Individuelle und organisationale Bedingungen nachhaltiger Schulentwicklung am Beispiel Geschlecht. Weinheim/München.

Brenk, M./Salomon, A. (Hrsg.) (2010): Schulporträtforschung und Schulentwicklung. Frankfurt a.M.: Peter Lang.

Coelen, Th./Otto, H.-U. (Hrsg.) (2008): Grundbegriffe der Ganztagsbildung. Das Handbuch. Wiesbaden: VS Verlag für Sozialwissenschaften.

Dollinger, S. (2012): Gute (Ganztags-)Schule? Die Frage nach Gelingensfaktoren für die Implementierung von Ganztagsschule. Bad Heilbrunn: Klinkhardt forschung.

Dollinger, S. (2010): Wie kann sich „gute" Ganztagsschule entwickeln? Theorie und Praxis von Gelingensfaktoren gebundener Ganztagsschulen. In: Nerowski, Ch./Weier, U.: Ganztagsschule organisieren – ganztags Unterricht gestalten. Bamberg: University Press, S.135-152.

Fullan, M. (1985): Change process and strategies at the local level. The Elementary School Journal, 84, 3/1985, S.391-420.

Hauschildt, J. (1993): Innovationsmanagement. München.

Höhmann, K./Holtappels, H.G./Schnetzer, Th. (2004): Ganztagsschule. Konzeption, Forschungsbefunde, aktuelle Entwicklungen. In: Holtappels, H.-G./Klemm, K./Pfeiffer, H./Rolff, H.-G./Schulz-Zander, R. (Hrsg.): Jahrbuch der Schulentwicklung, Bd. 13. Daten, Beispiele und Perspektiven. Weinheim, S.253-290.

Holtappels, H.G. (2002): Die Halbtagsgrundschule. Lernkultur und Innovation in Hamburger Grundschulen. Weinheim/München.

Holtappels, H.G. (2005) : Ganztagsschule – ein Beitrag zur Förderung und Chancengleichheit. In: Bundesministerium für Bildung und Forschung (Hrsg.): Individuelle Förderung – Bildungschancen für alle. Zweiter Ganztagsschulkongress am 2. und 3. September 2005 in Berlin. Materialien zum Ganztagsschulkongress I. Berlin 2005, S.3-21. URL: http://www.ganztagsschulen.org/_downloads/m1_v1_holtappels.pdf (13.04.2011) URL: http://www.ganztagsschulen.org/_downloads/m1_vortraege.pdf (Gesamtversion) (13.04.2011)

Holtappels, H.G./Kamski, I./Schnetzer, Th. (2009): Qualitätsrahmen für Ganztagsschulen. In: Kamski, I./Holtappels, H.G./Schnetzer, Th. (Hrsg.): Qualität von Ganztagsschule. Konzepte und Orientierungen für die Praxis. Münster: Waxmann, S.61-88.

Hunneshagen, H. (2005): Innovationen in Schulen. Identifizierung implementationsfördernder und -hemmender Bedingungen des Einsatzes neuer Medien. Münster: Waxmann.

Ipfling, H.-J. (1981): Modellversuche mit Ganztagsschulen und anderen Formen ganztägiger Förderung. Bund-Länder-Kommission für Bildungsplanung und Forschungsförderung. Bonn.

Kahl, H./Knauer, S.(Hrsg.) (2007): Bildungschancen in der neuen Ganztagsschule. Lernmöglichkeiten verwirklichen. Weinheim/Basel.

Kamski, I./Holtappels, H.G./Schnetzer (Hrsg.) (2009): Qualität von Ganztagsschule. Konzepte und Orientierungen für die Praxis. Münster: Waxmann.

Kieser, A. (1969): Innovation. In: Grochla, E.: Handwörterbuch der Organisation. Stuttgart, S.741-750.

Klein, G. (1997): Schulen brauchen Beratung. Kollegiumsorientierte Innovationsberatung als Beitrag zur Schulentwicklung. Grundlagen – Ansätze – Perspektiven. Marquartstein.

Koch, B. (2011): Wie gelangen Innovationen in die Schule? Eine Studie zum Transfer von Ergebnissen der Praxisforschung. Wiesbaden.

Ladenthin, V. (2005): Zum Verhältnis von Familienbildung und Schulbildung. In: Ladenthin, V./Rekus, J. (Hrsg.) (2005): Die Ganztagsschule. Alltag, Reform, Geschichte, Theorie. Weinheim/München, S.233-259.

Matthäi, I. (2009): Ressourcenorientierte Strategien im Kontext von Innovation und lernförderlicher Unternehmenskultur. Saarbrücken. URL: http://www.agil-team.de/downloads/Ressourcenorientierte Strategien.pdf (03.11.2011)

Menke, S. (2009): Qualitätsstandards für Ganztagsschulen – ein Bundesländervergleich. In: In: Kamski, I./Holtappels, H.G./Schnetzer, T. (Hrsg.) (2009): Qualität von Ganztagsschule. Konzepte und Orientierung für die Praxis. Münster, S.40-60.

Purkey, S.C./Smith, M.S. (1989): Wirksame Schulen – Ein Überblick über die Ergebnisse der Schulwirkungsforschung in den Vereinigten Staaten. In: Aurin, K.: (Hrsg.) (1989): Gute Schulen – Worauf beruht ihre Wirksamkeit? Bad Heilbrunn, S.13-45.
Rolff, H.-G. (1995): Wandel durch Selbstorganisation. Theoretische Grundlagen und praktische Hinweise für eine bessere Schule. Eine Veröffentlichung des Instituts für Schulentwicklungsforschung der Universität Dortmund. Weinheim/München.
Rolff, H.-G./Buhren, C.G./Lindau-Bank, D./Müller, S.(2011): Manual Schulentwicklung. Handlungskonzept zur pädagogischen Schulentwicklungsberatung (SchuB). Weinheim/Basel.
Senge, P. (1996): Die fünfte Disziplin. Kunst und Praxis der lernenden Organisation. Stuttgart.
Staatsinstitut für Schulqualität und Bildungsforschung (2011): Qualitätsrahmen für gebundene Ganztagsschulen (Arbeitstitel). München 2011 (noch unveröffentlichtes Arbeitspapier, Stand 31.07.2011).
Thompson, V.A. (1969): Bureaucracy and innovation. Alabama.
Zapf, W. (1986): Innovationschancen der westeuropäischen Gesellschaften. In: Berger, J. (Hrsg.): Die Moderne – Kontinuitäten und Zäsuren. Soziale Welt, Sonderband 4. Göttingen, S.167-179.

Zur Autorin

Dr. Silvia Dollinger ist akademische Beamtin am Lehrstuhl für Grundschulpädagogik und -didaktik an der Universität Passau.

Susanne Dobelke

Prävention statt Reparatur – Einführung einer qualitativ hochwertigen Mittagsverpflegung mit Erfahrungen aus der Modellregion Landkreis Coburg

Aktuelle Situation der Schulverpflegung

In einer Anhörung zum Thema Schulverpflegung vor dem Ausschuss für Ernährung, Landwirtschaft und Verbraucherschutz des Deutschen Bundestags Ende 2011 stellt die Deutsche Gesellschaft für Ernährung e.V. (DGE) fest, dass die Qualität der angebotenen Speisen und die Rahmenbedingungen für Schulverpflegung nach wie vor deutlich verbesserungswürdig sei. Ihr Fazit lautet:

- Ein ganzheitliches Konzept für die Schulverpflegung an sich sowie die Einbindung in den Schulalltag fehle oftmals oder sei nur rudimentär vorhanden.
- Mensen sind in vielen Schulen nur provisorisch errichtet.
- Essenszeiten für die Einnahme des Mittagessens einschließlich notwendiger Wege- und Wartezeiten sind häufig zu kurz.

Die DGE weist darauf hin, dass Kinder und Jugendliche Obst und Gemüse zu wenig, dagegen Fleisch zu häufig konsumieren. Speisen seien oft zu fett und zu süß. Bei der Warmverpflegung, der Anlieferung fertig zubereiteter Gerichte, seien häufig lange Warmhaltezeiten zu verzeichnen, die einen Verlust an Vitaminen und Genussqualität bedingen (DGE, 2011 a). Dabei ist Warmverpflegung das in der Schulverpflegung mit über 60% am häufigsten eingesetzte Verpflegungssystem (Arens-Azevedo, 2010).

Schulen erfahren häufig sehr kurzfristig, dass sie Ganztagsschule werden. Daher fehle, so die DGE, oft die Zeit für Ermittlung von Grundlagen, Konzeption und Planung der Schulverpflegung. Aber auch die Vielschichtigkeit der zu klärenden Fragestellungen, die zudem häufig Spezialkenntnisse erfordert, leistet dieser Situation Vorschub. Man denke an Planung von Küchen und Speiseräumen, Erstellung eines Leistungsverzeichnisses für die Ausschreibung oder Vergabe der Speisenversorgung nach VOL oder mit einer Dienstleistungskonzession (DGE, 2011 a).

Diese Beurteilung deckt sich mit den Eindrücken und Erfahrungen, die die Vernetzungsstelle Schulverpflegung Bayern (VSB) in Gesprächen und Diskussionen mit an Schulverpflegung Beteiligten gesammelt hat.

Erschwerend kommt hinzu, dass in der Schulverpflegung vielfältige Interessen zusammen geführt werden müssen: Die von Schulleitung, Lehrer-, Schüler- und Elternschaft, dem Sachaufwandsträger und dem Anbieter der Speisen.

Hilfestellung durch die Vernetzungsstelle Schulverpflegung Bayern
Vor diesem Hintergrund hat die Vernetzungsstelle Schulverpflegung Bayern Medien entwickelt, die Beteiligte bei der Einführung von Schulverpflegung unterstützen sollen:

- Die „Schritt-für-Schritt-Anleitung für eine erfolgreiche Mittagsverpflegung" benennt die bei Einführung von Mittagsverpflegung zu klärenden Fragen und mögliche Lösungsansätze.

- Der „Leistungsverzeichnis Generator" ist ein Online-Werkzeug, das durch die einzelnen Schritte bei der Erstellung eines individuellen Leistungsverzeichnisses lotst.

- Der „Handlungsleitfaden für die Einführung einer Schulverpflegung" richtet sich als prozessbegleitende Arbeitshilfe an Schulleitungen und Sachaufwandsträger. Er strukturiert die bei der Einführung von Schulverpflegung anstehenden Aufgaben sowohl inhaltlich als auch organisatorisch. Und er lenkt von Anfang an das Augenmerk auf die Akzeptanz und damit die langfristige Wirtschaftlichkeit für die Schulverpflegung.

Diese und weitere Materialien und Informationen finden sich auf der Internetseite der Vernetzungsstelle www.schulverpflegung. bayern.de.

Modellregion Landkreis Coburg – Schulmensa von morgen
Im Frühjahr 2010 hoben der Landkreis Coburg und die Vernetzungsstelle Schulverpflegung Bayern das Projekt „Modellregion Landkreis Coburg – Schulmensa von morgen" gemeinsam aus der Taufe. Gegenstand des Projekts ist die Planung und der Bau einer Schulmensa für zwei benachbarte Schulen im Landkreis Coburg. Informationen und Erfahrungen der Vernetzungsstelle flossen von Beginn an in das Projekt ein. Somit kann das Modellprojekt als Praxisabgleich der genannten Materialien und der im Handlungsleitfaden gegebenen Empfehlungen betrachtet werden. Es soll anderen Sachaufwandsträgern als gutes Beispiel bei der Einführung von Schulverpflegung unter Berücksichtigung des Qualitätsstandards für die Schulverpflegung (DGE, 2011 b) dienen.
Der Projektfortschritt wird unter www.schulverpflegung.bayern. de dokumentiert.

Die folgende Darstellung stellt die theoretischen Empfehlungen des Handlungsleitfadens, die in das Projekt eingeflossen sind, dem praktischen Vorgehen durch die Entscheidungsträger vor Ort und ihren Erfahrungen im Modellprojekt gegenüber. Die Gliederung orientiert sich an der des Handlungsleitfadens in Einstiegs-, Informations- und Entscheidungsphase. Die theoretischen Empfehlungen des Handlungsleitfadens – kursiv gedruckt – sind in jedem Abschnitt der Beschreibung der praktischen Umsetzung vorangestellt.
Zu den im Handlungsleitfaden beschriebenen Umsetzungs- und Qualitätssicherungsphasen kann derzeit noch nichts gesagt werden, da die im Rahmen des Modellprojekts konzipierte Mensa noch nicht den Betrieb aufgenommen hat. Ihre Eröffnung ist zum Schuljahresbeginn 2013/14 geplant.

Einstiegsphase
Zu Beginn eines jeden Projekts „Schulmensa" gilt es zu klären, wer die Federführung übernimmt und den Projektverlauf kritisch im Auge behält: Dazu sollte eine Steuerungsgruppe bestimmt und deren Arbeitsweise festgelegt werden. In ihr finden sich die Vertreter der Institutionen, die letztendlich entscheidungsfähig und -befugt sind.

<u>Klärung von Verantwortlichkeiten</u>
Im Rahmen des Modellprojekts etablierten sich von Beginn an regelmäßige Treffen von Vertretern der Schulleitungen beider Schulen und der Leiterin des Fachbereichs Bildung, Kultur und Sport und des Bauamtes des Landkreises. Diese Gruppe nahm gemeinsam die ersten Schritte des Projekts in Angriff. In regelmäßigen Treffen erfolgter ein enger Austausch bei der Sondierung des Themenfelds hinsichtlich seiner Bandbreite aber auch in Hinblick auf Lösungsansätze für Teilaspekte. Die Steuerung des Projekts und die Koordination der Abläufe liegen bei der Leiterin des Fachbereichs Bildung, Kultur und Sport. Protokolle halfen, Aufgaben und Verantwortlichkeiten schriftlich festzulegen.

Als Projektaufgabe der Einstiegsphase nennt der Handlungsleitfaden die Formulierung von Grobzielen, die mit dem Projekt erreicht werden sollen. Bereits in diesem Stadium sind die Einbeziehung von externen Beratern und Experten und die Beteiligung der Schulfamilie sinnvoll.

<u>Unterstützung von Experten, externen Beratern und Förderern</u>
Zu Beginn des Projekts informierte sich die Steuerungsgruppe im Landkreis Coburg sehr breit und offen rund um das Thema Schulessen: Die Informationsquellen reichten von Vertretern der Elternschaft mit entsprechenden beruflichen Hintergrund bis zum Ganztagsschulverband. Es wurden frühzeitig hilfreiche Kontakte für die weitere Projektbearbeitung geknüpft zu
- der Vernetzungsstelle Schulverpflegung Oberfranken,
- Bildungseinrichtungen, die sich mit Gesundheits- oder Design-Fragen befassen,

- einem Ausbildungsprojekt für benachteiligte Jugendliche mit Erfahrung in der Zubereitung von Mittagessen für eine Schule und auch
- ortsansässigen Produzenten von Jugendmöbeln.

Auf Veranstaltungen wie
- dem 2. Bayerischer Ganztagsschulkongress,
- den Jahresveranstaltungen der Vernetzungsstelle Schulverpflegung oder
- der didacta

und bei Besuchen anderer Schulen mit Schulverpflegung erarbeitete man sich ein Gespür für das Thema und seinen Stolpersteinen.

Mit zunehmendem Projektfortschritt wurde über die zuständige Lebensmittelüberwachungsbehörde und den Verband der Küchenfachplaner das erforderliche Spezialwissen zielgerichtet in das Projekt geholt.

So konnte die Steuerungsgruppe für sie zentrale Themenfelder aber auch Restriktionen ermitteln:
- Gespräche mit dem Ganztagsschulverband sensibilisierten für die Themen „Lärm" in der Mensa und „Strukturierung von Essenszeiten".
- Literaturempfehlungen der Vernetzungsstelle zum Thema Akzeptanz und Erfahrungen des Schülerunternehmens lenkten den Blick auf lange Wartezeiten als Problem und damit auf die Organisation von Essensausgabe, und Bestell- und Bezahlabwicklung.
- Erfahrungen und Recherchen des Landratsamts aus dem Bereich Gemeinschaftsverpflegung ergaben, dass in der Region kein Anbieter, der beide Schulen zuverlässig täglich mit über 200 Essen beliefern könnte, ansässig ist. Warmverpflegung als Verpflegungssystem schied somit als alleinige Lösungsoption aus.

Beteiligung der Schulfamilie
Frühzeitige Information aller Beteiligten ist der erste Schritt. So wird verhindert, dass Unsicherheit und Unstimmigkeiten in der Schulfamilie entstehen. Die dafür notwendige, wiederholte Information über den jeweiligen Projektstand kann beispielsweise auf Konferenzen, Besprechungen, Elternabenden erfolgen. In Rundschreiben, -mails oder Newslettern kann das Projekt genauso wie auf der schuleigenen Homepage, in der Schulzeitung oder in Aushängen immer wieder aufgegriffen werden. Partizipation ist Voraussetzung für den Erfolg und die Akzeptanz von Schulverpflegung. Die Beteiligung der einzelnen Gruppen, ermöglicht es allen, Einfluss zu nehmen, Ideen einzubringen, Bedenken zu äußern, an Entscheidungen mitzuwirken und diese zu tragen. Es können Wünsche, Bedürfnisse und Bedenken aller Beteiligten und damit der zukünftigen „Kunden" in der Planung berücksichtigt werden, so dass Schülerinnen und Schüler, Eltern und Lehrerschaft ganz anders hinter dem Projekt stehen.

In Coburg erfolgte die Information in den genannten Runden. Rückblickend zeigte sich, dass durchaus hätte noch mehr erfolgen können, da das Projekt, in Besprechungen mitunter nur am Rande erwähnt, nicht immer von allen in seiner Tragweite für die Lebenswelt Schule wirklich wahrgenommen wurde.
Die aktive Einbindung der Schulfamilie erfolgte zu Beginn in sporadischen Workshops und Arbeitsgruppen in Abhängigkeit von der zu bearbeitenden Fragestellung. Beispielsweise befasste sich ein Workshop beider Schulfamilien frühzeitig mit der Angebotsgestaltung, damit dies z.B. hinsichtlich Raumbedarf und Anordnung elektrischer Anschlüsse in die Planung einfließen konnte. Im späteren Projektverlauf verstetigte sich die Einbindung der Schulfamilie durch die Einrichtung eines P-Seminars, das für Experten und vor allem für die Schulfamilie der benachbarten Schule geöffnet wurde. Dieses befasste sich mit Speisenangebot, Raumgestaltung und Ambiente sowie Marketing. Diese Aktivitäten wurden von einer Schülerin im Rahmen einer Präsentation wie folgt kommentiert: „Der Gedanke, dass von dem, was wir hier machen, ein paar Dinge umgesetzt werden, ist so großartig".

Formulierung von Grobzielen als Grundlage für ein Verpflegungsleitbild
Bei der Einrichtung einer Schulverpflegung ist es wichtig, von Beginn an Ziele zu setzen, die in ein Verpflegungsleitbild übertragen werden. Dieses fasst die Vorstellungen der Schule hinsichtlich gesundheitsförderlicher und akzeptierter Schulverpflegung als Konsens in knapper Textform zusammen. Damit gibt es dem gemeinsamen Planen, Handeln und Bewerten einen verbindlichen Rahmen.

Die Steuerungsgruppe in Coburg formulierte auf Basis ihrer Sondierungen zeitnah folgende Grobziele:
- Entwicklung eines Konzepts für die Gestaltung einer gemeinsamen Schulmensa für zwei Schulen, in der gesundes Essen angeboten wird und die von Schülerinnen, Schülern und Lehrkräften gerne besucht wird.
- Erstellung eines Leistungsverzeichnisses als Bestandteil des Konzepts: Dieses nennt Mindestanforderungen für gesundes Essen und soll auf andere Schulen des Landkreises übertragen werden; Grundlage ist der DGE-Qualitätsstandard für die Schulverpflegung.
- Förderung der Identifikation von Schülerinnen und Schülern, Eltern und Lehrkräften mit den Angeboten der Mensa.
- Bauliche Ausgestaltung der Räume, die eine angenehme Atmosphäre ermöglicht (Lärmreduzierung, Farben, Kunst...).

Alle Aktivitäten erfolgten in enger Abstimmung mit den Verantwortlichen für die Bauplanung und Umsetzung der Baumaßnahme, der Bauverwaltung des LRA und dem Architekten, sowie der Kämmerei, die die Finanzierung der Maßnahme verantwortet.

Informations- und Entscheidungsphasen
In der Informationsphase verschafft sich die Steuerungsgruppe einen Überblick über die finanziellen und zeitlichen Rahmenbedingungen sowie über die relevanten Aufgaben. Auf Basis der im Verpflegungsleitbild formulierten Grobziele entwickelt sie in der Entscheidungsphase ein Konzept für die geplante Schulmensa, das die ermittelten Rahmenbedingungen berücksichtigt.

Für die Steuerungsgruppe kristallisierten sich zwei zentrale Aspekte heraus:
1. Die zu erwartende Zahl der Essensteilnehmer: Diese wurden in Abstimmung mit den Dienststellen der zuständigen Ministerialbeauftragten ermittelt. Grundlage sind die Anmeldungen der genehmigten Ganztagsangebote der Schule. Hinzu wird ein Anteil der Regelschüler gerechnet, der nachmittags Unterricht, Wahlfachangebote u. ä. wahrnimmt.
Auch Lehrkräfte und Personal der Offenen Ganztagsbetreuung und der Schule wurden berücksichtigt.
2. Die Finanzierung der Gesamtmaßnahme: Ein Ablaufschema, wie sich die Schritte zur Sicherung der Finanzierung aus Sicht der Steuerungsgruppe und damit von Schule und Sachaufwandsträger darstellen, zeigt die Grafik „Auf dem Weg zur Schulmensa".

Beide Aspekte sind miteinander verwoben und in Abstimmung mit der Bezirksregierung zu bearbeiten. Es erwies sich als sinnvoll, sehr frühzeitig den Kontakt zu der Bezirksregierung zu suchen, um zu erfahren, welche Schritte konkret zu bearbeiten sind und welche Zeitfenster dafür im Projektverlauf berücksichtigt werden müssen.

Erstellung eines Mensakonzepts
Bei der Erstellung des Mensakonzepts geht es darum zu klären, welche Organisationsformen den formulierten organisatorischen, pädagogischen und gesundheitsbezogenen Zielen, den Bedürfnissen von Schule, Schülerinnen und Schülern und den Möglichkeiten vor Ort am besten gerecht werden.

Es stellt dar, wie Schulverpflegung so organisiert und mit dem schulischen Alltag verzahnt wird, dass die gesetzten Ziele erreicht werden.

Die Steuerungsgruppe in Coburg traf unter Einbeziehung der Schulfamilie konkrete Festlegungen im Rahmen eines Mensakonzepts.
Beispielsweise wurde entschieden:
- Die Bestandteile der angebotenen Menüs sollen frei mit einander kombinierbar sein und einzelne Komponenten wie Salate in Selbstbedienung zusammengestellt werden können.
- Aus atmosphärischen Gründen soll auf Tabletts verzichtet werden.
- Ein konkurrierendes Pausenangebot in der Mittagszeit wird in beiden Schulen ausgeschlossen.
- Die Zusammenarbeit der Schüler beider Schulen und der Auszubildenden des Speisenanbieters soll gefördert und die bestehende Schüler-AG eingebunden werden.
- Die Mensa muss als Aula für die Schule genutzt werden können.

Alle grundsätzlich zu treffenden Organisationsentscheidungen sind im Handlungsleitfaden unter Nennung von möglichen Informationsquellen nachzulesen.

Fazit
Gegen Ende der Entscheidungsphase, zum Zeitpunkt des Ganztagsschulkongresses 2012 in Forchheim, sind die Anträge auf finanzielle Förderung und schulaufsichtliche Genehmigung der Baumaßnahme bei der Bezirksregierung gestellt. Die Baugenehmigung ist beantragt und erste Arbeiten sind vergeben.

Vor Inbetriebnahme der Mensa kann natürlich noch nicht gesagt werden, dass der im Handlungsleitfaden formulierte Anspruch einer gesundheitsförderlichen **und** von allen akzeptierten Schulverpflegung mit der vorgeschlagene Herangehensweise erreicht ist.

Jedoch kann bereits jetzt festgestellt werden, dass die langfristig angelegte, kooperative Herangehensweise in den Planungen sichtbar ist.

Mit klaren, pädagogisch begründeten Zielvorstellung vor Augen konnte die Steuerungsgruppe gezielter finanzielle Möglichkeiten aufspüren und – z. B. in persönlichen Gesprächen – deutlich besser begründen. Durch das Engagement der Schulleitungen kamen schulische Bedürfnisse in großem Umfang in den entscheidenden Gremien des Landkreises zu Gehör. So wurden im Prozess formulierte pädagogische Belange bei der Planung berücksichtigt. Hier ist ein in der Mensa angesiedelter, von Schülern betriebener Kiosk als Schnittstelle aller Schülergruppen genauso zu nennen wie die Einrichtung eines zusätzlichen Raums für die Mittagsbetreuung. Dieser ist erforderlich, weil die Mensa als solcher nicht zur Verfügung steht, da sie von zwei Schulen genutzt wird.

Mit der Projektbearbeitung verstärkte sich die vertrauensvolle Zusammenarbeit der Schulen untereinander, zwischen den Schulen und dem Sachaufwandsträger und dem Sachaufwandsträger und der Bezirksregierung.

Auch die Wahrnehmung der zu errichtenden Mensa hat gewonnen. Durch die intensive Vorbereitungsphase identifizieren sich beide Schulfamilien mit der Mensa. Sie wird als Baustein ganztägiger Schule geschätzt und die Verzahnung der Mensaabläufe mit den schulischen Abläufen ist in Diskussion. Auch erkennen alle Beteiligten die Bedeutung eines gesundheitsförderlichen Essens an der Schule.

Damit sind wichtige Schritte zu einer gesundheitsförderlichen und akzeptierten Schulmensa offensichtlich getan. Und die Erfolgsaussichten, dieses Ziel zu erreichen sind sicherlich sehr hoch.

Daneben trägt dieses Vorgehen einem Anliegen des Landkreises Coburg Rechnung, nicht nur für seine Bürger Lebens- und Lernräume zu gestalten, sondern vor allem mit ihnen.

Doch das Ganze hat seinen Preis: Es kostet Zeit!

Literatur

Arens-Azevedo, U. et. al. (2010): Umsetzung der Qualitätsstandards für die Schulverpflegung – Eine Beurteilung der Kostenstrukturen, http://www.schuleplusessen.de/service/medien.html, (11-06-2012).

Deutsche Gesellschaft für Ernährung e. V. (DGE) (2011 a): Stellungnahme für die 55. Sitzung des Ausschusses für Ernährung. Landwirtschaft und Verbraucherschutz zur Öffentlichen Anhörung zum Thema „Schulverpflegung": www.bundestag.de/bundestag/ausschuesse17/a10/anhoerungen/archiv/20 11/__A_30_11_2011_Schulverpflegung/Stellungnahmen/759-A_Stellungnahme_Deutsche_Gesellschaft_fuer_Ernaehrung.pdf (11-06-2012).

Deutsche Gesellschaft für Ernährung e.V. (DGE) (2011 a):Qualitätsstandard für die Schulverpflegung: www.schuleplusessen.de/service/medien.html (11-06-2012).

Vernetzungsstelle Schulverpflegung Bayern (VSB) (2011): Handlungsleitfaden für die Einführung einer Schulverpflegung: http://www.schulverpflegung.bayern.de/projekte/modellregioncoburg/hinfuehrung.html (11-06-2012).

Zur Autorin

Susanne Dobelke ist Ernährungsberaterin und Leiterin der Vernetzungsstelle für Schulverpflegung in Oberfranken.

Cornelia Rauscher

Mit Expertenhilfe zur besseren Schulverpflegung – Qualitätssicherung in der Mittagsverpflegung mit Erfahrungen aus dem Modellprojekt Coaching

Schülerinnen und Schüler sollen gerne in die Mensa gehen. Dort gibt es idealerweise ein gesundes, schmackhaftes und bezahlbares Essen, in einem angenehmen, freundlichen Ambiente! Aber gehen die Schülerinnen und Schüler tatsächlich gerne in die Mensa? Und schmeckt es ihnen dort? Oder gehen sie lieber in die Stadt und kaufen sich eine Pizza oder einen Döner?

Die Konkurrenzsituation zum schulischen Angebot durch Alternativangebote außerhalb der Schule ist groß. Den meisten Schülerinnen und Schülern ist es freigestellt, ob sie am Schulessen teilnehmen möchten. Laut einer Studie der TU München-Weihenstephan empfinden 25 % der bayerischen Schülersprecher das Angebot außerhalb der Schule besser als das in der Schulmensa. Aber an was liegt es? Jeder zweite Schülersprecher wünscht sich mehr Obst, jeder dritte mehr Salat und jeder vierte mehr Gemüse (StMELF 2012, S.19). Das erstaunt, angesichts der oft publizierten Vorlieben von Schülerinnen und Schülern für Pizza oder Döner. Hinzu kommt, dass die Mensa zu laut, zu ungemütlich, und die Warteschlange zu lange ist.

Der Verpflegungsanbieter hingegen ist auf einen gewissen Umsatz angewiesen. Gerichte, die günstig und gleichzeitig beliebt sind, werden gerne angeboten. Diese unterschiedlichen Anforderungen gilt es gerecht zu werden. Aber wie?

Eine mögliche Lösung bietet das „Modellprojekt Coaching in der Schulverpflegung" (Coachingprojekt). Das Ziel des Coachingprojekts ist es, dass sog. Schulverpflegungs-Coachs (Coachs) den Schulen dabei helfen, ihre warme Mittagsverpflegung
- gesünder,
- schmackhafter,
- akzeptierter und/oder
- wirtschaftlicher

zu gestalten.

Die Vernetzungsstelle Schulverpflegung Bayern (VSB) unterstützt damit Modellschulen bayernweit,
- die ihre warme Mittagsverpflegung verbessern möchten,
- denen das Thema gesunde Ernährung am Herzen liegt,
- die sich dabei externe fachliche Unterstützung wünschen.

102 Schulen aller Schularten in ganz Bayern haben bislang am Coachingprojekt teilgenommen (siehe Abbildung eins). Die Erfolge sind nachhaltig.

Mit Expertenhilfe zur besseren Schulverpflegung | 93

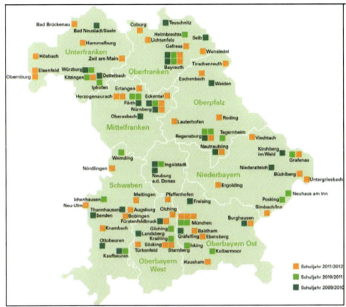

Abbildung 1: Verteilung der Modellschulen der Schuljahre 2009/10 bis 2011/12.

Aber auch Schulen, die nicht am Coachingprojekt teilnehmen oder teilnehmen konnten, profitieren:

- Herausforderungen und Lösungen der einzelnen Schulen können über die Homepage der VSB www.schulverpflegung.bayern.de nachgelesen werden.
- Die Praxiserfahrungen mit ihren Lösungen und Ideen der ersten beiden Projektjahre hat das Institut für Praxisforschung und Projektberatung München (IPP) gesammelt, damit sie auch anderen Schulen oder Akteuren in der Schulverpflegung zur Verfügung stehen. Die VSB hat hierfür eine Broschüre veröffentlicht, die unter www.verwaltung.bayern.de bestellt werden kann (Höfer R./ Weinhandl K. 2012).
- Die VSB unterstützt auch Schulen, die sich in Eigenregie einen Coach nehmen (z.B. Gymnasium in Altötting).

Ablauf des Coachings
Die Schule bewirbt sich um eine Teilnahme beim Coachingprojekt bei der VSB. Wird sie ausgewählt, wird ihr ein Schuljahr lang ein externer Coach zur Seite gestellt. Das Angebot ist für die Schule gebührenfrei. Die Schule bekommt vertraglich zugesichert, dass sie Modellschule im Projekt der VSB ist. Schulart und Schülerzahl sind für die Teilnahme unerheblich. Die nächste Bewerbungsphase startet voraussichtlich im Februar 2013 für das Schuljahr 2013/14.

Voraussetzung für die Schule ist, dass sie
- über ein Mittagsverpflegungsangebot verfügt oder mit einem neuen Anbieter startet,
- engagiert dabei ist, dieses zu verbessern,
- aus der Schule heraus einen „Verpflegungsbeauftragten" (Vertreter aus der Schule) als Tandempartner für den Coach (ca. zwei Stunden im Monat) stellt,
- bereits ein aktives „Essensgremium" installiert hat bzw. eines installieren wird, idealerweise bestehend aus Schulleitung, Verpflegungsbeauftragten, Schüler- und Elternvertreter und Küchenleitung,
- ihren Träger über die Bewerbung für das Coaching informiert.

Wesentliche Aufgabe des Coachs ist es, alle an der Schulverpflegung beteiligten Akteure zusammen zu bringen, um gemeinsam mit der Schule Lösungswege zu finden. Grundlage für die Verbesserungen in der Schulverpflegung ist der Qualitätsstandard für die Schulverpflegung der Deutschen Gesellschaft für Ernährung e.V. (DGE).

Der Coach
- begleitet und berät die Modellschule während eines Schuljahres,
- analysiert die Ist-Situation an der Schule,
- erfasst die Wünsche und Bedürfnisse der Schule.
- erarbeitet gemeinsam mit der Schule die Soll-Situation mit den Zielen und Wünschen der Schule,

- gestaltet gemeinsam mit der Modellschule ein individuelles Lösungskonzept,
- begleitet die Modellschule bei dessen Umsetzung.

Der Coach ist eine Fachkraft aus dem Ernährungsbereich, z.B. Ernährungswissenschaftler, Meisterin der Hauswirtschaft oder Diätassistentin. Er muss sich zuvor bei der VSB bewerben. Die VSB begleitet und schult den Coach während des Coachingjahres.

So sieht der zeitliche Ablauf aus:

Frühjahr
 Start der Bewerbungsphase für Schulen und Coachs
Herbst
- Beginn der Workshops für alle Coachs
- Vorstellung des Coachs an der Schule
- Erfassung der Ist-Situation und Identifikation der Schwachstellen in der warmen Mittagsverpflegung
- Formulierung von Verbesserungsmöglichkeiten und individueller Lösungsvorschläge
- Vorstellung der Lösungsansätze an der Schule.

Winter/Frühjahr
- Umsetzung der Lösungswege an der Schule
- Begleitende Unterstützung des Verpflegungsbeauftragten und des Essensgremiums durch den Coach.

Sommer
- Evaluierung des Projekts
- Öffentlichkeitswirksamer Projektabschluss durch die VSB

Erfolgsfaktoren

Das IPP hat in der Zeit vom Sommer 2010 bis Herbst 2011 das Coachingprojekt wissenschaftlich begleitet. Ziel war es, sowohl den Prozess des Coachings als auch die Ergebnisse zu analysieren. Mit qualitativen Interviews, schriftlicher Befragung sowie teilnehmenden Beobachtungen kristallisierten sich wesentliche Erfolgsfaktoren für ein gut verlaufendes Coaching heraus (IPP, 2012. S.24 f):

- Klare Verantwortlichkeit durch den Verpflegungsbeauftragten an der Schule
  Durch die Existenz einer Verpflegungsbeauftragten gibt es einen festen und verlässlichen Ansprechpartner für alle Beteiligten. Er stellt eine ideale Verbindung zwischen Coach und Schule her.
- Strukturiertes Coaching
  Die drei Prozessschritte Analyse der Ist-Situation, Zielvereinbarung sowie Unterstützung bei der Umsetzung gewährleisten eine transparente und erfolgreiche Vorgehensweise.
- Einbetten der Coachs in die Rahmenstruktur der VSB
  Das Auswahlverfahren und die gute Rahmenstruktur der VSB bewerteten Schulen und Coachs als passend.
- Externe Expertise durch den Coach
  Die Professionalität, kommunikative Fähigkeiten sowie Flexibilität der Coachs werden von der Schule sehr geschätzt. Das Annehmen von Kritik fällt leichter, wenn es von Experten kommt.
- Gemeinsame Entscheidungsprozesse im Essensgremium
  Die Einbeziehung aller Beteiligten ermöglicht gegenseitiges Verständnis und gemeinsame Zielsetzung. So können schulspezifische Probleme aufgegriffen und maßgeschneiderte Lösungen erarbeitet werden. Das Essensgremium ist zentraler Baustein zur Förderung der Kommunikation. Protokolle der Treffen helfen, Aufgaben, Verantwortlichkeiten, Termine festzuhalten.

- Übertragbarkeit der Erfahrungen
  Die ausgewählten Schulen sind repräsentativ für alle bayerischen Schulen.

Diese Faktoren erwiesen sich als förderlich, für eine gelungene Arbeit der Coachs:
- Klare Zuständigkeitsverhältnisse
- Gute Kooperation mit Verpflegungsbeauftragten und anderen Beteiligten
- Persönliches Engagement der Beteiligten
- Motivation der gesamten Schulfamilie
- Bereitschaft zu Veränderungen.

Diese Faktoren stellten sich als hinderlich heraus bei der Arbeit der Coachs:
- Schulinterne Kommunikationsschwierigkeiten
- Überlastung der Beteiligten, v.a. Schulleitung und Verpflegungsbeauftragte
- Mangelnde Professionalität des Anbieters bzw. des Küchenpersonals
- Kein bzw. nur geringer Einfluss der Schule auf Mittagsverpflegung bzw. Personal.

Die Beteiligten sind sich einig: die Schulverpflegung verbessert sich mit der Unterstützung des Coachingprojektes.

„Unser Coach hat uns ganz wertvolle Hinweise gegeben, gerade auch in den Gesprächen und in Vorbereitung mit dem Caterer." (Zitat eines Verpflegungsbeauftragten)

Ergebnisse
Die Coachs haben 46 % ihrer Ziele erreicht, die sie sich gemeinsam mit der Schule gesteckt haben. 24 % der Ziele haben sie teilweise erreicht, 15 % haben sie auf den Weg gebracht (S. Abb. zwei). Nur etwa jedes achte Ziel konnte nicht erreicht werden.

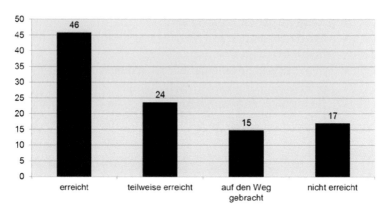

Abb. 2: **Einschätzung der Zielerreichung [%]**
Quelle: Institut für Praxisforschung und Projektberatung München (IPP), 2012

Bereits in den ersten beiden Coachingjahren haben sich die Coachs mehr als zweihundert individuellen Herausforderungen angenommen. Diese lassen sich wie folgt grob gliedern:
- Speisenangebot
- Organisation
- Kommunikation
- Räumliche Rahmenbedingungen.

Im Folgenden sind exemplarisch einige Herausforderungen mit Lösungsansätzen dargestellt.
Diese und mehr können auch in der Broschüre nachgelesen werden (Höfer/Weinhandl, 2012, S.12ff).

Speisenangebot
Empfehlung:
Das Mittagessen leistet einen wesentlichen Beitrag zur täglichen Versorgung mit Nährstoffen. Üblicherweise besteht es aus mehreren Komponenten. Dazu zählt ein tägliches Angebot an Rohkost, Salat oder gegartem Gemüse, eine Stärkebeilage sowie ein Getränk mit mindestens 0,2 Liter. (DGE 2011, S.15):

Herausforderung:
Das Speisenangebot trifft oftmals nicht den Geschmack der Schülerinnen und Schüler. Sie wünschen sich mehr Salat, Gemüse und Obst, aber eben auch schülergerecht dargeboten. Kostengünstige Alternativen zu zucker- und/oder koffeinhaltige Getränke schaffen, die akzeptiert werden.

Lösungsansätze:
Um den Anteil an Rohkost, Salat, Gemüse und Obst zu erhöhen, haben die Coachs folgende Tipps und Tricks gefunden:
- Selbstbedienung an einer Salatbar und Auswahl aus verschiedenen Salaten und Dressings
- Verfeinern von Salaten und Gemüsegerichten mit gerösteten Nüssen und Samen
- Einführen eines „Salat des Tages" mit variierenden Zutaten wie Ei oder Käse
- Anbieten von „verstecktem" Gemüse in Form von Suppen, Soßen oder Aufläufen
- Anbieten von Obstsalat und/oder -spieße, statt nur Stückobst
- Bereichern des Speiseplans mit frisch gepressten Obstsäften oder Smoothies
- Mundgerechte Portionierung von Gemüse, damit Kinder sich selbst bedienen können – fettarme Dips können dazu gereicht werden; Obst in mundegerechten Stücken geschnitten wird von Kindern grundsätzlich besser angenommen.

Um die Getränkeversorgung zu gewährleisten, haben sich folgende Maßnahmen bewährt:

- Getränke in Krügen anbieten, z.B. Trinkwasser, leichte Schorlen, ungesüßte Tees; Zitronen- oder Orangenscheiben bzw. Minze verfeinern das Trinkwasser
- Installation eines Trinkbrunnens oder einer Trinkwasserschankanlage – eine mikrobiologische Untersuchung des Trinkwassers ist notwendig (hierfür an das zuständige Gesundheitsamt wenden)
- Einschränkung des Getränkeverkaufs von Limonaden über Automaten
- Einbeziehen der Schülerinnen und Schüler in die Auswahl der Getränke, z.B. Teesorten, um die Akzeptanz zu erhöhen.

Organisation
Empfehlung:
Den Schülerinnen und Schülern steht für das Essen genügend Zeit zur Verfügung. Zu kurze Pausen und Hektik können dazu beitragen, dass sie an der Verpflegung nicht teilnehmen. Es werden mindestens 60 Minuten Pausenzeit eingeplant (DGE 2011, S.22f).

Herausforderung:
Zur Mittagszeit besteht häufig großer Andrang an der Essensausgabe. Dementsprechend erhöht sich die Wartezeit und die knapp bemessene Essenszeit verkürzt sich. Das Servicepersonal fühlt sich überfordert, wenn die bestehende Organisation bzw. Ausstattung der Küche keine reibungslosen Arbeitsabläufe zulässt. Es kommt zu Gedränge und Hektik. Das wiederum beeinflusst die Atmosphäre beim Essen. Schülerinnen und Schüler fühlen sich nicht mehr wohl und wollen nicht mehr in die Mensa zum Essen gehen.

Lösungsansätze:

Um die Wartezeit bei der Essensausgabe zu verbessern, haben folgende Maßnahmen geholfen:
- Bessere Platzierung von Besteck und Tabletts
- Ausgliederung der Getränke auf eine eigene Theke/einen eigenen Bereich
- Auslagerung des Snackverkaufs während der Speisenausgabe des warmen Mittagessens
- Anschaffung von Tabletts
- Anschaffung von zusätzlichen Speise- bzw. Servierwagen, damit das Essen an zwei Stationen ausgegeben werden kann
- Verlagerung der Ausgabe aus der Mensa, z.B. in einen angrenzenden freien Rauem, damit sich das Platzangebot in der Mensa erhöht und das Gerangel um freie Plätze reduziert
- Entscheidungshilfen für die Auswahl der Gerichte für Schülerinnen und Schüler; diese helfen bei der Wahl des Menüs und sparen Zeit, z.B. klare Beschriftung der Menüs oder Fotos der Gerichte bzw. Schauteller
- Einführung verschiedener Ausgabestationen, z.B. für warme Gerichte, für vorbestelltes Essen, für Spontanesser; kürzere Wartezeiten bei vorbestelltem Essen können motivieren sich fest anzumelden; Kenntlichmachen der Ausgabestationen durch z.B. Anstellschilder, Trennbügel oder Bodenmarkierungen, damit sich speisenorientierte Warteschlangen bilden
- Eine Stundenplanoptimierung erlaubt gestaffelte Essenszeiten.

Kommunikation
Empfehlung:
Die Wünsche und Anregungen der Schülerinnen und Schüler sind in geeigneter Form in der Speisenplanung zu berücksichtigt (DGE 2011, S.17).

Herausforderung:

Laut der TUM-Studie gaben 71 % der Schülersprecher an, nicht in die Belange der Schulverpflegung involviert zu sein. Nur 6 % sind an der Erstellung des Speiseplans beteiligt (TUM-Broschüre, 2012, S.18). Schüler werden als gestaltende Partner zu wenig wahrgenommen. Die Partizipation von Schülern ist wichtig und nur dann sinnvoll, wenn auch ihre Meinungen respektiert und Wünsche berücksichtigt werden.

Lösungsansätze:
Die Coachs hatten folgende Ideen, um die Schüler in geeigneter Weise einzubinden:
- Befragung zur Zufriedenheit, Wünschen, Verbesserungsvorschlägen von Schülerinnen und Schüler, Lehrkräften und Eltern
- Möglichkeit zur freiwilligen Mitarbeit in der Mensa schaffen, z.B. bei der Essensausgabe, (Achtung: Einbeziehung der Lebensmittelüberwachung notwendig) oder im Ordnungsdienst; als Anreiz dient ein kostenloses Mittagessen
- Vorstellen des Verpflegungsanbieters bei der Lehrerkonferenz
- Aktive Einbeziehung von Schülerinnen und Schülern in die Zubereitung, den Verkauf von Speisen (Lebensmittelüberwachung!), Gestaltung der Mensa, des Speiseplanaushangs oder der Speisekarte
- Erstellen von Wunschessen oder Integration von Lieblingsspeisen, z.B. unter dem Motto: „Heute gibt es das Lieblingsgericht aus der Klasse 4c."
- Prämierung des „Gerichts des Monats".

Räumliche Rahmenbedingungen
Empfehlung:
Die Essatmosphäre ist neben der Lebensmittelqualität einer der prägenden Faktoren regelmäßig eingenommener Mahlzeiten. Eine positive Essatmosphäre schafft Raum für Gespräche und Informationsaustausch sowie den Genuss der Mahlzeiten (DGE 2011, S.22).

Herausforderung:
Die räumlichen Gegebenheiten an den Schulen sind sehr unterschiedlich, manche verfügen über eigene Mensen, andere nutzen den Eingangsbereich, ein Klassenzimmer oder einen Mehrzweckraum als Provisorium. Oft fühlen Schülerinnen und Schüler nicht wohl. Es ist zu laut, zu dunkel, zu klein oder zu kahl.

Lösungsansätze:
Zur Verbesserung der Atmosphäre in der Schulmensa haben die Coachs folgende Ideen entwickelt:
- Streichen der Wände mit frischen Farben, die zur Einrichtung passen; Gelb- und Orangetöne sind warme Farben und erhellen die Mensa
- Entwerfen von Collagen oder Bildern für die Gestaltung der Wände; Einbeziehen von Schülerinnen und Schüler, um die Akzeptanz zu fördern.
- Ausloben eines Fotowettbewerbs mit Auswahl und Aufhängen der besten Bilder in der Mensa
- Aufstellen von Raumteilern, die den Essbereich abschirmen
- Entfernen nicht benötigtes Mobiliar
- Verschönern des Raums mit farbigen Tischdecken und Servietten.

Zusammenfassung
Schülerinnen und Schüler, Verpflegungsanbieter, aber auch Eltern, Lehrer und Schulträger stellen vielfältige Anforderungen an die Schulverpflegung. Diesen gerecht zu werden ist nicht einfach und oftmals mit großen Herausforderungen verbunden. Diese können aber z.T. bereits durch kleine Stellschrauben verbessert werden. Die Erfahrungen des Coachingprojekts zeigen, dass schon kleine Korrekturen oder regelmäßige gemeinsame Gespräche mit den beteiligten Akteuren helfen, die Mittagsverpflegung zu verbessern. Den Impuls können z.B. externe Ernährungsfachkräfte (Coachs) geben, die individuell und intensiv auf die Situation in der Schule eingehen. Die verschiedenen Ausgangslagen der Schulen machen es notwendig, dass sich jeder Coach persönlich um die Belange der Schule kümmert. Deshalb lautet das Motto des Coachingprojekts: Individuelles Coaching führt zu kreativen Lösungswegen!

„Note Eins, es ist fast unglaublich! Wir haben alles hingekriegt, was wir machen wollten und weitere Pläne werden verwirklicht." (Zitat eines Verpflegungsbeauftragten)

Die VSB ist ein Projekt von In Form „Deutschlands Initiative für gesündere Ernährung und mehr Bewegung", gefördert vom Bundesministerium für Ernährung, Landwirtschaft und Verbraucherschutz sowie vom Bayerischen Staatsministerium für Ernährung, Landwirtschaft und Forsten.

Literatur

Bayerisches Staatsministerium für Ernährung, Landwirtschaft und Forsten (StMELF) (Hrsg.): So schmeckt Schule! Ein Forschungsprojekt der TU München-Weihenstephan zur Verpflegungssituation an bayerischen Schulen. München, 2012.

Deutsche Gesellschaft für Ernährung (Hrsg.): DGE-Qualitätsstandard für die Schulverpflegung. 3. Auflage 2011, Bonn.

Höfer R., Weinhandl K.: Coaching in der Schulverpflegung. Ein Modellprojekt an bayerischen Schulen. München: Bayerisches Staatsministerium für Ernährung, Landwirtschaft und Forsten (Hrsg.).

Institut für Praxisforschung und Projektbegleitung (IPP): Die Vernetzungsstelle Schulverpflegung Bayern. Ergebnisbericht der wissenschaftlichen Begleitung. München, 2012.

Zur Autorin

Dr. Cornelia Rauscher ist diplomierte Ökotrophologin und arbeitet im Bayerischen Staatsministerium für Ernährung, Landwirtschaft und Forsten in der Vernetzungsstelle Schulverpflegung.

Silvia Krämer

„Eat ... and more" – Die Schüler und Schülerinnen der Mittelschule am Glasberg in Mömbris-Schimborn nehmen nicht nur ihre Verpflegung selbst in die Hand!

Die Schülerfirma *„eat and more"* stellt ihr Konzept vor.

Jede Idee ist ein Prozess - Die Geburt und erste Schritte.

Unsere „Firmengeschichte":
2002
Im Schuljahr 2001/2002 waren wir noch keine offene Ganztagsschule, aber unsere Schülerinnen und Schüler verbrachten die Mittagspause auf dem Schulgelände.
Eine Idee war geboren – wir bieten den Kindern einen Aufenthaltsraum, ein kleines Schülerbistro, indem „Schüler für Schüler" kochen. Wir überzeugten die Gemeinde den Raum herzurichten und beschafften – ohne finanzielle Mittel in Eigeninitiative – eine gebrauchte Küche und Geräte aus Haushaltsauflösungen. Helfer fanden wir im Kollegium und durch den Elternbeirat. Auch ein schulinterner Flohmarkt diente zur Finanzierung der Idee.

Der Startschuss im September 2002

Ein wichtiger Aspekt unseres Projekts ist der Gedanke, dass Schülerinnen und Schüler der Klassen 7 bis 9 das Schulprojekt „Bistro" betreiben. Von der Speisenauswahl, der Planung und der täglichen Verwirklichung liegt alles in Schülerhand.
Die „Bistroteamer" bereiten ein warmes Mittagessen frisch zu, meist mit Gemüse oder Salat. Unsere Gerichte werden von keiner Fremdfirma angeliefert, es werden keinerlei Fertiggerichte verwendet.

Zum Nachtisch werden bevorzugt Milchprodukte und Obst gereicht. Projektpaten sind Frau Silvia Krämer und Frau Veronika Peter, beide Mitglieder des Lehrerkollegiums.
Wir erhalten als Anschubfinanzierung den einmaligen Staatszuschuss des Bayerischen Staatsministeriums für Umwelt, Gesundheit und Verbraucherschutz zur Gründung einer Schülerfirma.

2003 - 2005
Aus kleinen Anfängen entwickelt sich das Projekt „eat and more". Wir bieten an vier Tagen Mittagessen für die Schülerschaft an und wagen erste Anfänge im „more"-Programm, indem wir das Projekt „Praxis an Hauptschulen" auch in das Konzept des Schülerbistros integrieren.

Jede Idee ist ein Prozess – Unser Kind wird „groß"

2005
Der 1. Platz beim SPICE-Wettbewerb „Essen was uns schmeckt" des Bayerischen Landesamtes für Gesundheit und Lebensmittelsicherheit.

2007
Wir werden offene Ganztagsschule. Das Konzept Schülerbistro wird ins pädagogische Konzept der Schule integriert.

2008
Wir bilden „Pausenengel" für die Betreuung der Grundschüler aus.

Jede Idee ist ein Prozess – Raus aus den Kinderschuhen

2009
Wir sind beim bundesweiten Wettbewerb „o.k. statt k.o." unter den zehn Gewinnern.

2010
Wir bekommen ein neues Schulhaus und auch einen neuen Namen – aus der Ivo-Zeiger-Schule wird nun die Mittelschule am Glasberg.

So läuft`s bei uns – Ziele

Als Bistroteamer wollen wir täglich ein frisch zubereitetes, gesundes Mittagessen von der Planung bis zur Ausgabe den Schülerinnen und Schülern sowie den Lehrern unserer Schule anbieten.

Unsere Ziele:

- unsere Mitschülerinnen und Mitschüler zur gesunden, vollwertigen Ernährung hinzuführen,
- ein stressfreies Mittagessen in einem Umfeld zu ermöglichen, das den Schülerinnen und Schülern gefällt,
- den Wert einer gemeinsamen Mahlzeit mit den dazugehörenden Tischsitten zu vermitteln,
- erlernte mathematische und hauswirtschaftliche Kenntnisse anzuwenden.

Als Bistroteamer wollen wir:

- eigene Kompetenzen erkennen und unsere Handlungskompetenz stärken,
- unsere sozialen Kompetenzen in „Echtzeit" erproben,
- unsere Schlüsselqualifikationen für einen erfolgreichen Start ins Berufsleben schulen,
- selbstständig und eigenverantwortlich im Team arbeiten lernen,
- Durchhaltevermögen trainieren.

Die Jugendlichen sollen sich neu erfahren, ihre Kompetenzen erkennen und trainieren und diese auch gegenüber Ausbildungsbetrieben belegen können. Dies nicht nur als einmalige Aktion, sondern viermal pro Woche in Echtzeit und ohne Schonraum.

So läuft`s bei uns - „Eat"

Sechs bis acht „Teamer" kochen mit einer Lehrkraft in der Bistroküche – dabei handelt es sich um eine aufgepeppte Haushaltsküche – viermal je Woche ein ausgewogenes Menü für 2,50€. Trotz sinkender Schülerzahl haben wir täglich ca. 40 Gäste. Wir bieten eine Menülinie, ggf. mit vegetarischer Variante aus einer Auswahl von ca. 60 Gerichten an.

So läuft`s bei uns - „and"

Organisation: Unsere Schülerinnen und Schüler können von der 7. bis zur 9. Klasse die Arbeitsgemeinschaft „Schülerbistro" wählen. Die Bistrozeiten werden in den Stundenplan integriert. In der 5. und 6. Stunde erfolgt die Zubereitung, in der 7. Stunde die Ausgabe der Speisen, der Rücklauf sowie die Abrechnung.

Der Lebensmitteleinkauf wird von den Lehrkräften übernommen, da wir die Kühlkette wahren müssen und außerdem flexibler auf Angebote reagieren können.

Besonders wichtig erscheint uns dabei der Aspekt, dass die Lehrperson nach einer gewissen Einarbeitungszeit immer mehr in den Hintergrund tritt und mehr die Rolle des Coaches und gleichberechtigten Mitarbeiters übernimmt. Konsequent werden die Bistroteamer in alle Planungen einbezogen.

Zur Schulung der Selbstständigkeit ist ein Kartensystem eingeführt. Je Schulstunde ist ein/e Jugendliche/r „Teamleader". Dieser Teamer übernimmt die Verantwortung, das eigenverantwortliche Arbeiten wird geschult.

So läuft`s bei uns – „more"
Schule ist Lebensraum - Bistro ist Lebensraum

Aktionen mit und rund um das Schülerbistro

- Öffnung der Schule nach außen: Konsequente Nutzung der Präsentationsmöglichkeiten z.B. Bewirtung außerschulischer Gäste wie Gemeinderat (politischer Aschermittwoch), Eltern (wo isst mein Kind?), Elternbeirat, Rotary-Club (Sponsoren)

- „Groß hilft klein", gemeinsame Aktionen rund um gesunde Ernährung

- Mottowochen z.B. "Europa zu Gast im Bistro", „Fisch und Meer – mehr Genuss", „Apfelwoche" – inkl. Hintergrundwissen und Dekoration

- Teilnahme als Referenten (Schüler und Lehrer) bei verschiedenen Fortbildungsveranstaltungen z.B. anschub.de, Vernetzungsstelle Schulverpflegung, ALP Dillingen, GTSK

- Teilnahme an Wettbewerben
- Ambiente: langfristige Attraktivität der Schulverpflegung erreicht man nur, wenn der „Wohlfühlrahmen" ebenfalls stimmt.
- Catering für Schulfeiern und Schulfeste: durch das Bistro ist eine stilvolle Gestaltung von Feierlichkeiten an der Schule erst möglich geworden. Wir haben das nötige Equipment sowie das „know-how".

So läuft`s bei uns - „more"
Blick über den Tellerrand

Fortbildung der Schüler durch externe Experten inklusive Zeugnis für das Portfolio

- Hygienemanagement
- Ernährungsberatung
- Kochen mit einem Profi
- externe Praktika
- Floristin (Tischdeko)
- Kniggekurs für Schüler

„Eat and more" - der Name verpflichtet

Das Fundament unserer Arbeit ist die Verpflegung. Weiterer wichtiger Baustein sind unsere „Teamer". Auf dieses Fundament können wir bauen, hier vermitteln wir Schlüsselqualifikationen in Echtzeit und ohne Schonraum viermal wöchentlich. Wenn wir die Puzzlesteine richtig zusammensetzen, dann ergibt sich:

„Verantwortliches Miteinander als Chance für die Persönlichkeits- und Schulentwicklung."

Bildnachweis
Die Quelle des verwendeten Bildmaterials ist privat.

Zur Autorin
Silvia Krämer ist Förderlehrerin an der Mittelschule am Glasberg.

Abschnitt III:

Lehren – Fördern – Lernen

Johann Wolfgang Robl

Lernen, leisten, lachen – der Ganztag bringt's, oder: Aus der Schule geplaudert ...

Vorneweg: Ein Plädoyer

„Um Gottes willen, den ganzen Tag Schule! Wer hält das denn aus?" Auf diese Frage gibt's eine Antwort: „Der, der's mag, und der, der's kann."

Der seit 2003 existierende teilgebundene Ganztagszug in den Jahrgangsstufen fünf und sechs an der Johann-Andreas-Schmeller-Realschule in Ismaning bedient die Bedürfnisse der Nachfrager. Das sind jene Eltern, die ihr Kind aus sozio-ökonomischer Notwendigkeit, etwa Berufstätigkeit beider oder des alleinerziehenden Teils, aus sozio-pädagogischen Motiven, das Einzelkind soll in der Gruppe weitere soziale Kompetenzen im Sozialisationsprozess erwerben, aus familienunterstützender Betreuungsnachfrage, etwa Erkrankungen bzw. innerfamiliäre Schwierigkeiten, oder der Förderbedürfnisse des Kindes wegen, das aus unterschiedlichen Gründen an der weiterführenden Schule intensiver beschult werden soll, bei uns anmelden[1].

Die Anbieter und Veranstalter des teilgebundenen Ganztagsunterrichts, die dort eingesetzten Lehrkräfte, müssen den rhythmisierten Ganztag „können". Mit dem Können korreliert vice versa das Wollen. Die hier zum Einsatz Kommenden brauchen die Motivation, sich auf eine andere Lehrerrolle, andere Schülerbedürfnisse und eine andere Schularbeitszeitverteilung einzulassen. Sie sollten zudem diese Befähigung mitbringen oder entwickeln wollen: die Unterrichtskompetenz für Ganztagsklassen.

---

[1] Eigene Untersuchung: Auswertung der Begründungsbögen anmeldender Personsorgeberechtigter seit 2007.

Zwei Erfahrungen teile ich mit den von der tatsächlichen Ganztagsschule[2] Überzeugten, die erste als Lehrer, die zweite als Schulleiter: Mit der Halbtagsdidaktik scheitert man im Ganztag. Mit „zwangsrekrutierten" Lehrkräften auch.

Deshalb plädiere ich aufgrund unserer spezifischen Halbtagsschultradition und der gepflegten Halbtagsschulprofession der Lehrkräfte im aktuellen Entwicklungsstadium der Ganztagsschule für die Wahlfreiheit zwischen Halb- und Ganztag bei den Eltern und Schülern wie auch bei den Lehrenden. Angebot ja, „Zwangs-Beglückung" nein! Überzeugung statt Verpflichtung.

Am Anfang: Abbau aller Ängste

Im Koalitionsvertrag der die derzeitige bayerische Staatsregierung tragenden Parteien lesen wir: „Bis zum Ende der Legislaturperiode [d. i. 2013, Anm. d. Verf.] sind gebundene Ganztagszüge für 540 Grundschulen, 600 Hauptschulen und alle Förderzentren grundsätzlich über alle Jahrgangsstufen, ebenso für alle Realschulen und alle Gymnasien in den Jahrgangsstufen fünf und sechs vorgesehen."[3] Am Ende des Schuljahres 2011/2012 liegen noch 94,6% der Wegstrecke für die Realschulen in Bayern vor dem ohne Zweifel hoch gesteckten Ausbauziel[4].

---

[2] Die offene Ganztagsschule, an hiesiger Schule erfolgreich seit 2004 eingeführt, ist, so meine Auffassung, keine Ganztagsschule im eigentlichen Sinn, vielmehr eine hier gut nachgefragte und allen Jahrgangsstufen offen stehende, pädagogisch konzipierte und geführte Nachmittagsbetreuung, welche die Vormittagsschule sinnvoll ergänzt.

[3] Koalitionsvereinbarung 2008 bis 2013 zwischen CSU und FDP für die 16. Wahlperiode des Bayerischen Landtags, S.11, aus: http://www.bayern.de/Anlage8365157/Koalitionsvertrag.pdf (Aufruf 05.05.2012).

[4] 19 von 352 Realschulen bieten eine oder mehrere gebundene Ganztagsklassen an. Nach: Die wichtigsten Informationen zur gebundenen Ganztagsschule, Allgemeine Informationen, Ausbaustand. In: http://www.km.bayern.de/eltern/schule-und-familie/ganztagsschule.html (Aufruf 05.05.2012).

Lernen, leisten, lachen – der Ganztag bringt's | 119

Aufbauarbeit ist Abbauarbeit, wenn es um Ängste geht. So ängstigen sich Lehrkräfte beim Aufbau einer Ganztagsklasse davor, dass die Arbeitszeit stiege. Nein, der Ganztag ändert nichts an der Unterrichtspflichtzeit. Die bleibt gleich. Nein, der Ganztag führt nicht zum löchrigen Emmentaler-Käse-Stundenplan für das Lehrpersonal. An unserer Schule achten wir genau darauf, dass die Stundenpläne der Lehrkräfte hinsichtlich der Fensterstunden im Ganztag mit jenen im Halbtag gleich sind. Nein, die tägliche Arbeitszeit geht auch nicht ins Uferlose. Wir haben sie in Übereinkunft mit dem örtlichen Personalrat gekappt, maximal acht, in der Regel nicht mehr als sechs Unterrichtsstunden. Was sich ändert, ist der Spruch „Lehrer haben am Vormittag recht und nachmittags frei." An der Ganztagsschule haben sie sogar mal vormittags frei. Und das mit dem Rechthaben steht eh auf einem anderen, einem absolut anachronistischen Blatt.

Man nehme zum Gelingen: Viererlei

Nach bald zehn Jahren teilgebundene Ganztagsschule geben die Mitglieder unseres Ganztagsteams vier Gelingensfaktoren an: **Mut, Ziele, Unterstützung und Ausdauer.**

Mut steht am Anfang des Handelns, Glück am Ende (Demokrit)

Neben dem Bilden, Erziehen und Beraten brauchen Lehrkräfte den Mut, ihre Rolle um die Cluster Betreuen, Gestalten und Kooperieren zu weiten. So werden sie mit ihren Schützlingen den Lernort Schule zum Lebensort erweitern. Der bringt es mit sich, dass die Ganztagslehrkraft in unserer onkel- und tantenlosen Gesellschaft zunehmend die Betreuungsaufgabe und Orientierungsfunktion des Alternativerwachsenen[5] zugeschrieben bekommt.

---

[5] vgl. p. e. Münchmeier, Richard: Aufwachsen unter veränderten Bedingungen – Zum Strukturwandel von Kindheit und Jugend. In: Lehmkuhl, U., Streeck-Fischer, A. (verantw. Hg.): Praxis der Kinderpsychologie und Kinderpsychiatrie. Ergebnisse aus Psychoanalyse, Psychologie und Familientherapie. 50. Jahrgang 2001. Göttingen 2001. S.122 mit Bezug auf R. Lempp; zit. aus: http://www.pedocs.de/volltexte/2010/920/pdf/Muenchmeier_Aufwachsen_Bedingungen_Strukturwandel_2001_W_D_A.pdf (Aufruf 05.05.2012).

Zeiten ohne Stoffvermittlung wollen gestaltet sein, gleich, ob im rhythmisierten Wechsel mit dem klassischen Unterricht oder dem individuellen Einüben und Lernen, was in der Vormittagsschule die nachmittäglichen Hausaufgaben bewerkstelligen sollen. Kooperation ist gefragt im Zusammenwirken mit den weiteren am Ganztagsbetrieb Beteiligten, seien dies Übungsleiter, Jugendsozialarbeiter oder Erzieher bzw. Erzieherinnen. Das Beteiligten- und Beteiligungstableau im Ganztag geht über Bekanntes aus dem Halbtag hinaus. Das erfordert Pioniergeist, Veränderungslust, Mut eben. Nämlicher wird auch dem Sachaufwandsträger abverlangt. Die dort Verantwortlichen müssen sich aus ihrer Vorstellung vom (Halbtags-)Schulbetrieb lösen, so wie sie ihn meist selbst erfahren haben. Die Mittel sind bereitzustellen, die das Schulhaus und das Schulgelände lebensorttauglich werden lassen. Dazu zählt neben dem Einrichten von Mittagsverpflegung das Anbieten von multifunktionalen Räumen, deren optischer Mittelpunkt eben nicht die Kreidetafel ist, sondern der je nach Bedürfnis mit Leben zu füllende Raum. Das gilt auch für die Sportmöglichkeiten und die Pausenhöfe. Vormittagsschülerinnen und -schüler mit insgesamt 30 Minuten Pause haben weniger Ansprüche an Bewegungs-, Aufenthalts- und Rückzugsräume als jene, die von 8 bis 16 Uhr den Schulbereich nutzen. Wer kommunalpolitische Diskussionen kennt, weiß, dass es Mut erfordert, im kostenaufwändige Schulbereich diese nicht unbedingt klassischen Schulbetriebsstätten zu verlangen und die Mittel dafür zu beschaffen.

Nur wer sein Ziel kennt, findet den Weg (Lao-Tse)

Wenn die zahlreichen Baustellen im Ganztagsalltag den Blick fürs Ganze zu verstellen drohen, hilft es, sich der konzeptionellen Qualitätsziele zu vergewissern.

Diese basieren bei uns auch auf den Gestaltungselementen eines Ganztagskonzepts unter Berücksichtigung von Merkmalen entwicklungsfördernder Kontexte[6], lassen sich aber, der schnelleren Handhabung geschuldet, auf vier Fragekategorien herunterbrechen: Kunden, Personal, Raum und Inhalt. Die dabei auftretenden Interdependenzen sind dem System und den Prozessen inhärent. So versuchen wir, unsere Ziele immer wieder zu fassen und weiterzuentwickeln, indem wir fragen:

- Für welche Kinder, sprich „Kunden", wollen wir unser Angebot auslegen?
- Mit welchem Personal wollen wir die Aufgaben angehen?
- Wie beziehen wir den Raum, den „dritten Pädagogen"[7], ein?
- Welche methodischen, didaktischen und mathetischen Inhalte sind Vehikel zum Erfassen der Ziele?

Freilich sind die Fragen immer größer als die Antworten, deshalb hier nur der Ansatz, weitere Fragen zu generieren, um zu eigenen Zielen zu finden.

Soll der gebundene Ganztagszug die Heterogenität in der Schülerzusammensetzung des Halbtags abbilden oder will man eine Art besonderer Förderrealschule für Kinder mit etwaigem speziellem Förderbedarf?

---

[6] dargestellt bei: Dadaczynski, K., Paulus, P., Boye, J.: Mit psychischer Gesundheit zur guten Ganztagsschule. In: Appel, s., Rother, U. (Hg.): Jahrbuch Ganztagsschule 2012. Schulatmosphäre, Lernlandschaft, Lebenswelt. Schwalbach/TS.S.108 mit Bezug zu Holtappels, H. G. e. a.: Schulentwicklung in Ganztagsschulen. Ein Ausblick. In: Kamski, I. e. a. (Hg.): Qualität von Ganztagsschule. Konzepte und Orientierungen für die Praxis. Münster 2009, S.185-196.

[7] in Anlehnung an die Reggio-Pädagogik, in welcher der Raum neben den Pädagogen und dem Material als „dritter Erzieher" gesehen wird. Vgl. http://www.focus.de/schule/dossiers/fruehfoerderung/betreuung/tid-5649/die-richtige-betreuung_aid_55238.html (Aufruf 28.05.2012).

Wird auf der Basis des deutlichen Mehr an verfügbarer Zeit eher eine „Eliterealschule", deren handverlesene Teilnehmer talentklassenfähig[8] sein müssen, gewollt? Benötigen Erstere Unterstützung und Förderung zur Behebung von Lernschwächen, Wissensdefiziten und Hilfen zur Überbrückung schwieriger Lernphasen, so zielt das Zweite auf Wissensvertiefung und Kompetenzweiterentwicklung besonders Begabter und Lernwilliger. Wir entschieden uns für die Heterogenität unserer *„Kunden"* und versuchen im Rahmen der Möglichkeiten, den Einen wie den Anderen gerecht zu werden. So geben die Lehrkräfte, ggf. unterstützt von Schülertutoren, Intensivierungshilfen und bieten im so genannten Regenbogennachmittag den Talenten Förderung in jahrgangsübergreifenden Neigungsgruppen.

Neben dem Freiwilligkeitsprinzip für das Lehrpersonal ist die Öffnung der gebundenen Ganztagsschule für weiteres pädagogisches und nichtpädagogisches **Personal** grundsätzliches Ziel. Hoch geschätzt wird dabei die soziale Projektarbeit der an hiesiger Schule tätigen Jugendsozialarbeiter. Eine solche kann auch von den Lehrkräften spontan „gebucht" werden, wenn etwa gruppendynamische Prozesse dies erfordern. Zur Mittagsbetreuung ist eine Erzieherstelle ausgebracht, die, obgleich z. Zt. berufsfremd besetzt, viel zur Beständigkeit im Ganztagsbetrieb beiträgt und vielfältig dem Bewegungsdrang der Ganztagskinder Raum und Gelegenheit lässt. Im Ganztagsteam kam mehrfach der Wunsch auf, für Ganztagsrealschulen Förderlehrkräfte einzustellen, um durch diese qualifizierten Pädagoginnen und Pädagogen in der Förderung und der Differenzierung, der Betreuung und Intensivierung dauerhaft qualitätssteigernd arbeiten zu können. Bislang werden Förderlehrkräfte in Bayern nur in Grund- und Mittelschulen eingesetzt.

---

[8] Talentklassen gibt es an einer bayerischen Realschule als Modellversuch. Dort erwerben besonders Begabte in 5 statt in 6 Jahren den Realschulabschluss. Vgl. Individuelle Förderung an den Realschulen: Talentklassen und -kurse zur Förderung besonders begabter Schüler. Information der Staatlichen Schulberatung in Bayern (Sig. II-RS v. 15.02.2009). In:
http://www.schulberatung.bayern.de/imperia/md/content/schulberatung/pdf/bfk-material/schularten/talentklassen.pdf (Aufruf 05.05.2012).

Bereits verwirklicht werden konnte die „Zeit für uns", Zeit für die Klassenleitungen im Ganztag. Sie haben, stundenplanerisch gewollt, eine gemeinsame Besprechungsstunde pro Woche, die als ausgesprochen zielführend im Austausch, der Planung und der Vorbereitung gesehen wird. Die Erfahrung lehrte uns zudem, wie wichtig gerade auch das nichtpädagogische Personal fürs Gelingen im Alltag ist. Ob die Essensausgabe, die Hausmeisterei oder die Schulverwaltung, ihr Ton macht die Musik im Wesentlichen mit. Die Ganztagskinder müssen sich, es ist ja ihr Lebensort unter der Woche, wohl und angenommen fühlen. Der Beitrag der Genannten ist somit tragend. Dazu zählt außerdem die Verfügbarkeit. In einer Ganztagsschule hat auch nachmittags das Sekretariat geöffnet, ist der Hausmeister einsatzbereit und ein Chef vom Dienst verantwortlich.

Räume, zweckmäßig gestaltete und vielfältig zu nutzende Räume im Gebäude und im Außenbereich, sind, solange sich die Ganztagsschule noch nicht flächendeckend etabliert haben wird, häufiger Stolperstein fürs Gelingen. Wie soll rhythmisiert werden, wenn keine Sportstätten zur Verfügung stehen? Küchen und Kantinen, Schülercafés oder Kommunikationsecken sind nicht nur wünschenswert, sondern auf Dauer unverzichtbar. Pausenhöfe sollten ebenfalls multifunktional angelegt werden. Die geteerte Fläche wirkt wenig kreativitätsfördernd auf die Kinder im Ganztag. Sie brauchen – wie im Gebäude selbst – Bereiche zum Toben und zum Zurückziehen, zum Gestalten und zum Kommunizieren. Dichte und Enge, unpassendes Klassenzimmermobiliar oder freundlichst gespendete Sperrmüllmöbel dienen kaum in ihrer Funktion als dritte Pädagogen. So sollte auch hier der Aufbruch zum Wandel mutig angegangen werden. Selbst wenn es die Ideallösung nicht gibt, gutes Improvisieren und kreatives Umgehen mit dem Vorhandenen bringt den Ganztag und seine Bedingungen für die Kinder weiter. Dass dazu trotzdem vom Sachaufwandsträger Geld in die Hand genommen werden muss, ist eine Binsenweisheit.

In der Vormittagsschule sind die Schülerinnen und Schüler rund 30 Stunden pro Woche im Haus. Im Ganztag sind dies bei uns 46. Zieht man pro Tag je zwei Essens- und Betreuungsstunden ab, so bleiben doch acht Wochenstunden „unterrichtlichen" *Inhalts* mehr. Die Ganztagskinder haben einen Fulltime Job. Deshalb ist die Hausaufgabenfrage zu klären. Wir haben lange und erfolglos experimentiert. Hausaufgabenstunde hieß so ein gescheitertes Experiment: alle einer Klasse in einem Raum! Eine Lehrkraft, eine Ruhe, ein zielgerichtetes Arbeiten? Von wegen! 25 wollen 25 mal Unterschiedliches. Schülerbefragungen[9] ergaben die gänzliche Unzufriedenheit damit. Die Lehrkräfte stimmten mit ein. Und unsere Lösung? In den zentralen Fächern Deutsch, Englisch, Mathematik wird die Funktion der Hausaufgabenarbeit in die zusätzlichen Stunden als Einübungszeit integriert. Schriftliche Hausaufgaben – Fehlanzeige! Ja, Vokabeln lernen oder spezielles Vorbereiten auf große Leistungsnachweise gibt es schon mal zu Hause noch. Doch das ist eben nicht mehr die Regel. Und in den Sachfächern? Auch da haben wir gelernt. Die erste Schulstunde am Tag, meist mit der Klassenleitung besetzt, wird Lern- und Vorbereitungszeit für den Tag. Das handhaben die Lehrkräfte höchst flexibel: Ist mehr auf, so wird die volle Stunde eingesetzt, ist's weniger, so bleibt „Zeit für uns", für vielfältiges gemeinsames oder individuelles Tun. Die Differenzierungsräume bei uns im Haus werden da oft zu Lernwerkstätten, Kommunikationszentren oder Kreativitätskisten. Der Gleichschritt ist verpönt. Durch die für unsere Schule adaptierte persönliche oder freie Stillarbeit[10] erarbeiten sich die Ganztagsschülerinnen und -schüler individuell oder in Partnerarbeit dank vielfältigen Materials, das im Raum zur Verfügung steht („Lernkästen"[11]), in freier Auswahl des Fachs und des Themas die angebotenen, lehrplanbasierten Inhalte.

---

[9] Hausinterne Evaluation 2009/2010.
[10] Unsere Ganztagslehrkräfte holten sich hierzu Anregungen auch vom Original, dem Marchtaler Plan, ohne diesen zu imitieren oder zur Regel zu machen; vgl. http://www.marchtaler-plan.de/ (Aufruf 05.05.2012).
[11] Die meisten davon sind von den Ganztagslehrkräften selbst entworfen, gestaltet und eingerichtet worden, eine Arbeit und ein Engagement, beides höchst anerkennenswert.

Damit werden die Kinder aus der führenden Hand der Lehrkraft entlassen, lernen ihr Tempo kennen, können im gegebenen Rahmen selbst auswählen, was sie tun, arbeiten – wie eigentlich bei den Hausaufgaben idealerweise gedacht – selbstständig und selbstverantwortlich. Leitziel dieser methodisch-didaktischen Weitung war es, für den Ganztag eine, zugegeben in Vielem selbstgestrickte, Methodik und Didaktik zu entwickeln, die diesem Schultyp eher entsprechen als die Halbtagsvorgaben. Doppelstunden sind die Regel. Das Mehr an Zeit wird auch im Sinne eines mathetischen Ansatzes genutzt. Das frontale, lehrezentrierte kleinschrittig gleichschrittige unterrichtliche Vorgehen wird zurückgedrängt zugunsten eines strukturierten Angebots an die einzelnen Schülerinnen und Schüler. Ein kleiner Schritt vielleicht, in der Ganztagsschule auf die mathetisch intendierte Ganzheitlichkeit abzuzielen.

Jede Unterstützung nützt, sei sie noch so klein (dt. Sprichwort)

Natürlich braucht der gebundene Ganztag Unterstützung. Diese beginnt mit dem örtlichen Aufwandsträger und endet nicht zuletzt beim Kultusministerium, das den Personalaufwand bestreitet. Im allmählichen Aufbau begriffen, erleben wir eine Vernetzung mit anderen Ganztagsschulen, obgleich der Begriff „Vernetzung" einen Euphemismus darstellt. Ja, die Ansätze sind da, bei Kongressen, Fortbildungen, Treffen. Die Strukturen in Bayern bilden sich aus. Die Verbindung zum Deutschen Jugendinstitut in München ist für uns für den Blick über den Länderzaun wichtig. Der beständige Austausch in der Schule selbst mit den Ganztagseltern und der schulischen Elternvertretung ist unverzichtbar, weil hier dingliche und politische Ressourcen abgerufen werden können, die der Ganztagszug schlicht zum Funktionieren auch braucht; Elternabende, Elternbeteiligung – eine Selbstverständlichkeit. Unterstützt werden wir auch von Kooperationspartnern, bei uns die örtliche Musikschule und Sportvereine. Zahlreiche außerschulische Angebote machen den Ganztag bunter.

Ein Highlight ist etwa die Tierparkschule[12], die der Ganztag jährlich als Projekt besucht.

Ausdauer ist konzentrierte Geduld (Th. Carlyle)

Neben den Unterstützern von außen, so unsere Erfahrungsgewissheit, ist es von innen die Ausdauer, deren wir uns immer wieder versichern müssen. Weil wir uns zugestehen, dass wir nicht immer alles richtig machen, dass wir nicht alles allein machen können, nicht alles schnell bekommen, der Ganztag sicher nicht alle glücklich macht und mit der gebundenen Ganztagsschule nicht alle Probleme zu lösen sind, gewinnen wir den Abstand zum Alltag. Und den braucht man, wenn man sich auf den Weg zur Ganztagsschule macht, ob im ersten Jahr oder, wie wir, im bald zehnten.

... – der Ganztag bringt's

Als größten Gewinn für unsere Schule durch den Ganztag können wir den immer wieder nötigen Aufbruch, das Abschütteln von Routine, das Einlassen auf Herausforderungen verbuchen. Wir selbst sind wieder zu Lernenden geworden, die etwas leisten müssen, um dann auch Lachen zu können. Deshalb ist unser korrespondierendes Motto zu „lernen, leisten, lachen" jenes geworden: „fördern, fordern, feiern" – unserer Schülerinnen und Schüler wegen.

---

[12] vgl. http://www.tierpark-hellabrunn.de/index.php?id=32 (Aufruf 05.05.2012).

Literatur

Dadaczynski, K., Paulus, P., Boye, J.: Mit psychischer Gesundheit zur guten Ganztagsschule. In: Appel, s., Rother, U. (Hg.): Jahrbuch Ganztagsschule 2012, Schulatmosphäre, Lernlandschaft, Lebenswelt. Schwalbach/TS.S.108.

Münchmeier, Richard: Aufwachsen unter veränderten Bedingungen – Zum Strukturwandel von Kindheit und Jugend. In: Lehmkuhl, U., Streeck-Fischer, A. (verantw. Hg.): Praxis der Kinderpsychologie und Kinderpsychiatrie. Ergebnisse aus Psychoanalyse, Psychologie und Familientherapie. 50. Jahrgang 2001. Göttingen 2001. S.122.

http://www.bayern.de/Anlage8365157/Koalitionsvertrag.pdf.

http://www.focus.de/schule/dossiers/fruehfoerderung/betreuung/tid-5649/die-richtige-betreuung_aid_55238.html.

http://www.km.bayern.de/eltern/schule-und-familie/ganztagsschule.html.

http://www.marchtaler-plan.de/.

http://www.pedocs.de/volltexte/2010/920/pdf/Muenchmeier_Aufwachsen_Bedingungen_Strukturwandel_2001_W_D_A.pdf.

http://www.schulberatung.bayern.de/imperia/md/content/schulberatung/pdf/bfk-material/schularten/talentklassen.pdf.

Zum Autor

Johann Wolfgang Robl M. A. mult., Realschuldirektor; Schulleiter und Studienseminarleiter an der Johann-Andreas-Schmeller-Realschule, Staatliche Realschule Ismaning.

Klaus Bruno Dierl

Ganztagschulen sind Lern- und Lebensort zugleich

Das „Mehr an Zeit" bietet im besonderen Maße auch die Chance für eine veränderte Lernkultur für die darin Agierenden, in der Lern- und Lebensort sich ergänzen – aufgezeigt am Beispiel des Ganztagsschulkonzepts der Otto-Schwerdt-Mittelschule in Regensburg-Burgweinting

1. Allgemeines zur Otto-Schwerdt-Mittelschule/ Schulprofil/ Leitbild

Gegründet als sechster Hauptschulstandort in der Stadt Regensburg im Jahr 2007 als gebundene Ganztagsschule – zwischenzeitlich in Otto-Schwerdt-Mittelschule umbenannt – bestehen an der Schule konzeptgemäß nur gebundene Ganztagsklassen mit je zwölf zusätzlichen Lehrerwochenstunden. Der Schulbetrieb findet im 2007 neu errichteten Schulgebäude statt, das mit seiner Lernhauskonzeption von Beginn an für den rhythmisierten Ganztagsbetrieb – bestehend aus Unterrichtszeit, Eigenarbeit und Helferzeit – konzipiert und erstellt wurde. Kooperationspartner für die Beschäftigung der Honorar- und Ganztagskräfte ist die gemeinnützige Gesellschaft zur Förderung beruflicher und sozialer Integration (gfi) Regensburg.

Ab Jahrgangsstufe sieben besteht an der Otto-Schwerdt-Mittelschule ein Mittlere-Reife-Zug in Ganztagsform mit ebenfalls zwölf Unterrichtsstunden für Übung, Intensivierung und Projektarbeit. Damit können Schüler aus den gebundenen Ganztagsklassen Regensburgs neben den Schulabschlüssen nach der neunten Jahrgangsstufe auch den Mittlere-Reife-Abschluss unter den schulischen Bedingungen der gebundenen Ganztagsschule erwerben.

Die Schule arbeitet ihrem pädagogischen Konzept folgend u.a. auch mit zahlreichen außerschulischen Kooperationspartnern in den Bereichen Berufsorientierung, Sport, Musik und Natur zusammen.

An der Schule befindet sich eine Außenstelle des Amtes für Jugend und Familie in Form von Jugendsozialarbeit an Schulen (JaS).

Die Schule sieht sich als Einrichtung, deren Angebot durch Schüler und Eltern mitgestaltet und weiterentwickelt wird. Sie betrachtet die kulturelle Vielfalt ihrer Schüler als Chance und will das darin liegende Potential nutzen. An der Schule soll sich jeder Schüler wohl fühlen können. Das Schulklima ist dabei geprägt von gegenseitiger Rücksichtnahme, Höflichkeit und Toleranz. Die Talente der Schüler sollen an der Schule sichtbar werden und dabei die individuellen Fähigkeiten der Schüler entdeckt und gefördert werden. Auf eine regelmäßige und vertrauensvolle Zusammenarbeit mit den Eltern legt die Schule großen Wert. Bei Problemen bietet die Schule den Schülern und deren Familien Hilfen an, die über den schulischen Alltag hinausgehen. Beim Übergang ins Berufsleben unterstützt die Schule ihre Schüler in vielfältiger Weise.

2. Vorbemerkung: Chancen und Grenzen der Ganztagsschule

Seit dem Beginn der Einführung von gebundenen Ganztagszügen in Bayern im Jahr 2002 – stets bis heute als ergänzendes Angebot konzipiert – hat sich die gebundene Ganztagsschule in der Zwischenzeit auch quantitativ in der bayerischen Schullandschaft entsprechend positioniert. Im Schuljahr 2011/2012 sind in Bayern mittlerweile an 871 Schulen gebundene Ganztagszüge eingerichtet oder befinden sich im Aufbau, darunter an 294 Grundschulen, an 410 Mittelschulen, an 111 Sonderpädagogischen Förderzentren und Schulen zur Lernförderung, an 19 Realschulen, an 33 Gymnasien und an vier Wirtschaftsschulen.[1]

---

[1] http://www.km.bayern.de/eltern/schule-und-familie/ganztagsschule.html.

Ganztagschule ist immer Lern- und Lebensort zugleich. Lernende in der gebundenen Ganztagsschule verbringen den überwiegenden Teil ihrer aktiven Zeit in der Einrichtung Schule. Zeit, die nun nicht mehr im gewohnten Souveränitätsbereich des Lernenden selbst bzw. der Eltern liegt.

Schule übernimmt damit allemal einen erweiterten Auftrag, der nach Bestimmung, Inhalten und Besetzung verlangt. Der Autor dieses Artikels, Leiter einer neu gegründeten reinen Ganztagsschule in Regensburg, möchte an dieser Stelle das Konzept dieser Schule aufzeigen, in dem besonderer Wert auf ein möglichst bildungswirksames Arrangement des Ganztagsunterrichts gelegt wird. Dabei wird das Kerngeschäft von Schule – der gute Unterricht – in das zentrale Blickfeld gerückt. Mit dem Einstieg in das Thema Ganztagsschule verbindet sich ein ganzes Bündel an berechtigten, bisweilen aber auch diffusen und überzogenen, Erwartungen, von denen es sich rechtzeitig abzugrenzen gilt. Es wird häufig in der Diskussion über Ganztagsschule schnell übersehen, was diese zu leisten vermag und wo ihre Grenzen liegen. Unpräzise Vorstellungen und Enttäuschungen sind so vorprogrammiert.

Unterricht, Eigenarbeit und Freizeitaktivitäten der Schüler lasse sich in den Ganztagskonzepten in der Regel noch formal organisatorisch relativ unproblematisch verorten. Es stellt sich aber die Frage nach der Bildungswirksamkeit dieses zeitlichen Mehraufwands – und zwar sowohl für Lernende als auch für Lehrende. Die gebundene Ganztagsschule muss sich diese kritische Frage gefallen lassen, nimmt sie doch für sich in Anspruch, den weit überwiegenden Anteil des Lernens in der Obhut der Schule zu gewährleisten. Mit einer Ausrichtung auf einige klar umrissene Handlungsfelder lässt sich meiner Meinung nach überzogenen Auffassungen entgegensteuern. Unerlässlich ist in jedem Fall immer eine ausreichende Ausstattung von Ganztagsschulen mit entsprechenden Ressourcen in räumlicher und personeller Hinsicht.

3. Ganztag verlangt nach Struktur und Inhalten

Mit der Einrichtung einer gebundenen Ganztagsschule muss sich Schule der Frage stellen, was sie als Bildungseinrichtung mit ihren zwar knappen, aber allemal zusätzlichen Ressourcen grundsätzlich macht. In welchen Bereichen will die Schule sie verwenden? Wo und wie soll mit dem „Mehr an Zeit" ein bildungsrelevanter „Mehrwert" bei den Lernenden herbeigeführt werden? Umgekehrt gilt dies auch für die an Ganztagsschulen Lehrenden: Wie steht es mit der Relation von Aufwand und Ertrag? Wo lassen sich überhaupt Veränderungen wirksam implementieren? Zu welchem Zweck soll dies geschehen?

Gebundene Ganztagsschulen brauchen als feste Basis ein pädagogisch-didaktisches Programm, das in erster Linie auf veränderte Unterrichtskultur abzielt. Bildungswirksam kann das „Mehr an Zeit", das den Ganztagsschulen innewohnende Potential, genutzt werden. Dazu ist eine wohl durchdachte Gesamtorganisation von Unterricht, Eigenarbeit und unterrichtsbegleitenden und -durchdringenden Zeiten für Bewegung und Entspannung zwingende Voraussetzung.

Die damit einhergehende Rhythmisierung darf aber niemals Selbstzweck sein, sondern hat sozusagen „dienende" Funktion. Das Kerngeschäft von Schule – der gute Unterricht – muss dabei als Hauptaufgabe ins zentrale Blickfeld treten und kann nun in vielerlei Hinsicht neu gestaltet werden. Viele Chancen für die Umsetzung anspruchsvoller Unterrichtsformen, die oftmals aufgrund des Zeitmangels an der Halbtagsschule nur eingeschränkt zum Einsatz kommen, werden geboten. Im Unterrichtskonzept der Otto-Schwerdt-Schule lassen sich drei große Bereiche ausmachen, die sich in diesem Sinne gegenseitig ergänzen und durchdringen (siehe Abbildung eins).

Veränderte Unterrichtskultur / Rhythmisierung | 133

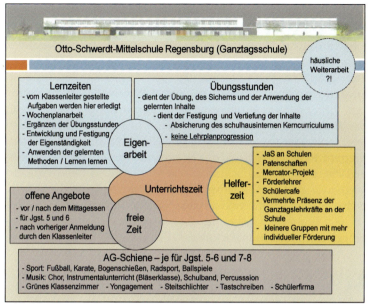

Abbildung 1: Otto-Schwerdt-Mittelschule – Lernen in der Ganztagsschule

Wie man der Abbildung 1 entnehmen kann, steht im Mittelpunkt aller Überlegungen die Einbindung des Unterrichts im neuen Kontext des Ganztags. Den Übungsstunden und betreuten Lernzeiten kommt dabei entscheidende Bedeutung zu, dabei soll die Eigenarbeit des Schülers besonders aktiviert und intensiviert werden. Weitere Ausführungen und Details dazu können auf der Homepage der Schule nachgelesen werden (http://www.schulen.regensburg.de/hsbu/).

Noch nicht endgültig entschieden ist, welche Anteile der Eigenarbeit letztendlich nach 16:15 Uhr mit nach Hause genommen werden müssen. Offensichtlich ist, dass dies Ausnahmen sein müssen, angesichts der Tatsache, dass viele Lernende erst gegen 17:00 nach Hause kommen. Aus unserer Erfahrung heraus, konnten wir folgende Erkenntnisse gewinnen: Probenvorbereitungen und gewisse tägliche Routinen wie Vokabellernen können nicht gänzlich im Ganztagsrhythmus abgearbeitet werden, zumal dabei auch das individuelle Leistungsvermögen der Lernenden hier sehr unterschiedlich ist.

Parallel dazu existiert an der Schule ein unterrichtsergänzendes Helfersystem, das mit verschiedenartigen Angeboten die Lernenden unterstützt. Wir unterscheiden drei Angebotsvarianten: Einige sind ganzjährig angelegt (z. B. das Projekt Alltagskompetenzen, die Betreuung durch externe Paten im Bereich Berufswahl, das Projekt Youngagement und die Arbeitsgruppe Schülercafé usw.), manche werden epochal angeboten (z. B. das Sozialtraining im Rahmen von JaS, der Erwerb von verschiedenen Methodenscheinen für das schulhauseigene Stammportfolio), andere wiederum sind rein situative, bedarfsabhängige Hilfsangebote (z. B die. Einzelfallhilfe im Rahmen JaS, die Power-ME-Betreuung bei der Lehrstellensuche, die Inanspruchnahme der Dienstleistungen des Integrationsfachdienst IFD usw.).

Abbildung 2: Veränderte Unterrichtskultur im Ganztagsrhythmus der Otto-Schwerdt-Schule – Bausteine und ihre Finanzierung

Veränderte Unterrichtskultur / Rhythmisierung | 135

4. Beispiele aus dem pädagogisch-didaktischen Programm der Schule (Auswahl)

Im folgenden Teil wird nun an drei Beispielen aufgezeigt, wie und zu welchem Zweck die Otto-Schwerdt-Schule die zusätzlichen Ressourcen aus dem Ganztag nützt, um ein möglichst bildungswirksames Gesamtarrangement unter dem Dach der Ganztagsschule zu bewerkstelligen.

4.1. Gemeinschaft erleben und Selbstwertgefühl aufbauen

Aus dem pädagogisch-didaktischen Programm:
Veränderte Unterrichtskultur im Ganztagsrhythmus der Otto-Schwerdt-Mittelschule
Beispiel: Gemeinschaft erleben und Selbstwertgefühl aufbauen

Ort mit bestimmten **Regeln** und Ansagen, die **nicht verhandelbar** sind und nicht zur Disposition stehen .. kein Ort der Beliebigkeit!

Ort, an dem das **Lernen im Vordergrund** steht ... darf auch Spaß machen, ist aber in der Regel mehr als das! ... Keine bloße Betreuung!

Ort mit festen **Bezugspersonen**, auf die man sich verlassen kann, die in vielfältiger Weise Hilfsangebote machen, die aber auch konsequent fordern!

Schule als **sicherer Ort**, als geschützter Raum ... an dem man sich wohl fühlen darf ... soll, allerdings auch mit bisweilen spürbaren Einschränkungen.

07:45-16:15 Uhr:

Ort der gelebten **Gemeinschaft**, mit vielen gemeinsamen Unternehmungen, die immer wieder den **Einsatz** eines jeden einzelnen verlangt... dies wird erwartet und auch eingefordert.

Ort, an dem ich andere mit **Respekt** begegne und dies selber ebenso erwarten darf

Ziel: **starke Personen**... die ihren Möglichkeiten entsprechend Verantwortung für sich (und andere) übernehmen.

Abbildung 3: Gemeinschaft erleben und Selbstwertgefühl aufbauen – aus dem Schulprofil der Otto-Schwerdt-Mittelschule

Mit der Neuaufnahme in die beiden Klassen der 5. Jahrgangstufe an der Otto-Schwerdt-Mittelschule kommen Lernende an eine Einrichtung, welche ihnen sowohl als Lern- und auch Lebensort dient. Die Ganztagsschule wird für sie in den nächsten Jahren ein, in vielerlei Hinsicht, prägender Ort werden.

An der Otto-Schwerdt-Schule wurde deshalb von Beginn an im Schulprofil verankert, dass die Lernenden vom ersten Tag an die Schule als gelebte Gemeinschaft erleben können (siehe Abbildung 5). Sie sollen den Lernort Schule als „sicheren Ort" vorfinden, an dem verlässliche Beziehungen aufgebaut, soziales Lernen eingeübt und ihr Selbstwertgefühl spürbar gestärkt wird. Dabei lernen die Schüler frühzeitig das Helfersystem der Schule kennen und können dessen Angebote für sich nutzen.

Die Ergebnisse der jährlich durchgeführten Umfragen an der Otto-Schwerdt-Mittelschule zur Zufriedenheit der Lernenden an der Schule sind ein erfreulicher Beleg für den hier eingeschlagenen Weg (http://www.schulen.regensburg.de/ hsbu/). Die Lernenden – immerhin montags bis donnerstags von 07:45-16:15 Uhr an und in der Schule – schätzen sehr wohl die Erreichbarkeit und Präsenz ihrer Lehrkräfte. Sie erleben diese nicht nur als unmittelbar Lehrende, sondern in ihrer veränderten Rolle als Lernbegleiter, Feedbackgeber, Steuerer und nicht selten auch als Ansprechpartner für soziale und emotionale Befindlichkeiten aller Art.

Ganztagschule wird hier für manch Lernenden zum Fels in der Brandung, zu einem Ort der Verlässlichkeit und auch Sicherheit, der in dieser Form im eigenen Zuhause oftmals nicht vorgefunden wird. Gerade dieser Umstand macht die Arbeit an Ganztagsschulen so wichtig und wertvoll. Die Kehrseite der Medaille ist allerdings die Tatsache, dass Lehrende ungleich mehr mit den täglichen Problemen ihrer Schüler konfrontiert werden und an manchen Tagen Krankenschwester, Sozialarbeiter und Teamcoach zugleich sein sollten.

Ohne funktionierendes Helfersystem kann der Ganztag schnell aus dem Ruder laufen und die veränderte Unterrichtskultur droht dabei verloren zu gehen. Damit würde meines Erachtens die Organisation des Unterrichts unter veränderten Rahmenbedingungen aus dem Blickfeld geraten. Es ist unverzichtbar, von Beginn an allen Beteiligten (Eltern, am Ganztag interessierten Lehrkräften, den Schülerinnen und Schülern) klar zu vermitteln, worin die Hauptaufgabe der gebundenen Ganztagsklasse liegt und dies in aller Deutlichkeit auch immer wieder zu betonen.

Schulen brauchen gute Führung. Dies gilt in besonderem Maße für Ganztagsschulen, da die Aufgaben hier deutlich umfangreicher und die täglichen Anforderungen an die Leitung in der Regel komplexer sind. In diesem Zusammenhang ist eine Überprüfung der zugewiesenen Leitungszeit absolut erforderlich. Gegenwärtig werden gebundene Ganztagsklassen bei der Anrechnung der Leitungszeit wie normale Klassen geführt. Eine Neubewertung ist aus meiner Sicht dringend notwendig.

4.2 Ganztagsschule – mehr Zeit für den langfristigen Erwerb sozialer, methodischer und strategischer Kompetenzen und ihrer Absicherung

Die rasante Entwicklung der Wissensgesellschaft erfordert von Lernenden zusehends mehr methodische und strategische Fähigkeiten. Vor dem Hintergrund des veränderten Prüfungsformats – mit Einführung der Projektprüfung – entwickelte das Kollegium der Otto-Schwerdt-Schule ein für alle Schüler verbindliches, schulhausinternes Kerncurriculum im Methodenbereich. Damit soll u. a. rechtzeitig der Unterbau für die Projektprüfung gewährleistet werden. Die verschiedenen „Trittsteine" beim Methodenerwerb wurden dazu einzelnen Jahrgangsstufen zugeordnet und müssen dort verbindlich in der Klasse abgearbeitet werden.

Jeder Schüler führt dazu bis zum Ende der achten Klasse sein eigenes Methodenbuch mit Einträgen aus dem Klassenverband sowie mit seinen zusätzlichen individuellen Einträgen aus Praktika und sonstigen Veranstaltungen. Parallel dazu begleitet ein „Logbuch" die Klasse in den nächsten Jahrgangsstufen, in welchem die verschiedenen Module auf dem Weg des Kompetenzerwerbs dokumentiert sind.
Das „Mehr an Zeit" durch Übungsstunden und Lernzeiten spielt bei der Umsetzung dieses Methodenlernens wieder eine zentrale Bedeutung.

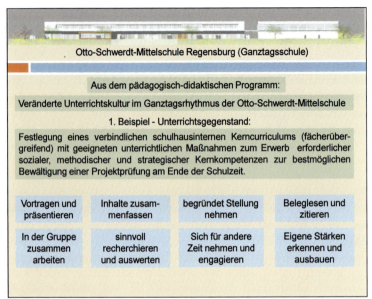

Abbildung 4: Methodenbausteine des schulhausinternen Curriculums im Ganztag

Für jeden Methodenbaustein existiert ein Anforderungsprofil, an dem in den verschiedenen Jahrgangsstufen gearbeitet wird. So entsteht stufenweise Sicherheit im Umgang mit einer Methode. Alle Lehrkräfte sind über Art und Umfang der Anforderungskriterien informiert und einer stringenten Umsetzung verpflichtet.
Die zusätzlichen Stunden und Lernzeiten im Ganztag sind dazu von maßgeblichem Belang. Im dicht gedrängten Halbtag bleiben besonders oft jene Inhalte auf der Strecke, die mehr Zeit brauchen und sich nicht in einer 45-Minuten-Einheit unterbringen lassen.

Bereits in der fünften Jahrgangsstufe haben die Lehrkräfte mit dieser verbindlichen Vorgehensweise gute Erfahrungen gemacht. Die erarbeiteten, fixierten Standards beim Vortragen und Präsentieren finden Anwendung bei verschiedenen Präsentationen, beispielsweise bei einem Referat über die Arbeitsplatzerkundung, später dann bei der Buchvorstellung und am Ende des Schuljahres bei der Vorstellung der technischen Objektbetrachtung.

Abbildung 5: Methodenbaustein: Vortragen und Präsentieren

4.3 Ganztagsschule als Ort des erprobenden Handelns: Talente fördern, Interessen behutsam zu Kompetenzen ausbauen

Ganztagsschulen bieten mehr Zeit und Raum für ganzheitliche Bildung. Freilich kann nicht jeder Lernende alles gleich gut. Unbestritten hat aber jeder bestimmte Talente und Fähigkeiten – sei es im Sport, im Musischen oder eher im Praktisch-Handwerklichen.

An der Otto-Schwerdt-Schule haben die Schüler der fünften und sechsten Jahrgangsstufe bzw. der siebten und achten Jahrgangsstufe je an einem Nachmittag die Möglichkeit eine zweistündige Arbeitsgemeinschaft entsprechend ihrer Interessen und Neigungen zu besuchen.

Zusätzlich haben die Lernenden der fünften und sechsten Klassen die Wahl, nach dem Mittagessen ein sog. „offenes Angebot" bis zum Beginn des Nachmittagsunterrichts zu besuchen. Sie sollen hier verschiedene Angebote ausprobieren um auf diese Weise durch eigenes Handeln allmählich ihre tatsächlichen Stärken festzustellen. Es besteht zudem die Möglichkeit kulturelle und soziale Bereiche des Lebens kennenzulernen, denen sie beim Nichtbesuch der Ganztagsschule möglicherweise in dieser intensiven Form nie begegnet wären. Damit leistet die Schule auch einen beachtlichen Beitrag zur Integration benachteiligter junger Menschen in unsere Gesellschaft.

Otto-Schwerdt-Mittelschule Regensburg (Ganztagsschule)

Stärken finden und ausbauen – über die Schulzeit hinaus / Freizeit sinnvoll gestalten / Motto: „Lust auf Leben"

AG Schulband	AG Ballsport Mädchen	AG Alltagskompetenzen
AG Streitschlichter	AG Fußball (Jungen)	AG Technikwerkstatt
AG HipHop	AG Schülerzeitung	AG Chor
AG Grünes Klassenzimmer (Kooperation mit dem Gartenbauverein)	SAG Radsport (Kooperation mit Bike-Team Regensburg)	AG Karate (Kooperation mit dem Jugendamt)
AG Bläserklasse (Musikverein)	SAG Bogenschießen (Kooperation mit Bogenverein)	Youngagement (Kooperation mit der Freiwilligen-Agentur Regensburg)

Abbildung 6: Arbeitsgemeinschaften an der Otto-Schwerdt-Mittelschule

Veränderte Unterrichtskultur / Rhythmisierung | 141

Abbildung 7: Otto-Schwerdt-Mittelschule – Talente fördern und behutsam zu Kompetenzen ausbauen

5. Fazit / Abschlussbemerkung

Nach fünf Jahren Aufbauarbeit einer Ganztagsschule an unserem Standort Regensburg-Burgweinting ist wohl eine umfangreiche Expertise noch verfrüht. Trotzdem lassen sich durchaus bestimmte Grundtendenzen aus dem Schulbetrieb feststellen:

- Die Absicherung der Kernunterrichtszeiten mit Übungsstunden und begleitender Lernzeit führt zu einer deutlich messbaren langfristigen Anhebung des Leistungsniveaus. Dies macht sich bemerkbar sowohl in den Ergebnissen der landesweit durchgeführten Lernstanderhebungen sowie den Abschlussprüfungen (z. B. Quali-Quote 2011: Bei 100% Teilnahme aller Neuntklässler 89% erfolgreich abgeschlossen).

- Eine deutliche soziale Stabilisierung von Lernenden aus sog. „Risikogruppen" ist durch die langfristig angelegte Beschulung an der Ganztagsschule feststellbar. Dies wirkt sich positiv beim Übergang in die Berufsausbildung aus. Hohe Vermittlungsquoten belegen dies.

- Stabilisierung der Schülerschaft: Nach Aufnahme in die Ganztagsschule mit Beginn der fünften Klasse verlassen kaum mehr Schüler den Ganztag. Obwohl Lernende bisweilen die Noten zum Übertritt in die Real- und Wirtschaftsschule haben, befürworten die Erziehungsberechtigten den Verbleib ihrer Kinder an der Ganztagsschule. Sie stellen erfreuliche Veränderungen im gesamten Lern- und Arbeitsverhalten der Kinder fest und äußern der Schule gegenüber große Zufriedenheit. Besonders die veränderten positiven Erfahrungen nach dem Wegfall der Hausaufgaben werden oft angesprochen.

- Der Besuch der gebundenen Ganztagsklasse erfordert eine behutsame und überlegte Aufnahme. Sie muss gut vorbereitet sein. Die Ganztagsklasse ist kein Allheilmittel für alle und jedermanns Probleme. Allen Beteiligten muss klar sein was hier geschieht und wozu das „Mehr an Zeit" verwendet wird. Ganztagsklasse ist mehr als Betreuung und keine bloße Beschäftigung.

- Die Einführung des Ganztags-Mittlere-Reife-Zugs vor zwei Jahren bereitet der zweizügig angelegten Otto-Schwerdt-Schule organisatorische Schwierigkeiten. Gemeinsam mit der zweiten gebundenen Ganztagsschule im Nachbarverbund konnten diese strukturell gelöst werden. Wünschenswert wäre aus unserer Sicht aber ein späterer Einstieg in den M-Zug bei gleichzeitiger Fortführung der Lernschienenarbeit in den Fächern Mathematik und Englisch in den Jahrgangsstufen sieben und acht.

- Besucher berichten uns wiederholt, wie ruhig sie den Schulbetrieb im Haus erleben. Wir führen dies auch auf die die bauliche Umsetzung („Lernhauskonzeption") zurück. Die Schule wurde von Beginn an als reine Ganztagsschule konzipiert. Hier zeigt sich deutlich, wie sehr auch eine entsprechende räumliche Ausstattung zum Gelingen eines Ganztagskonzepts notwendig ist.

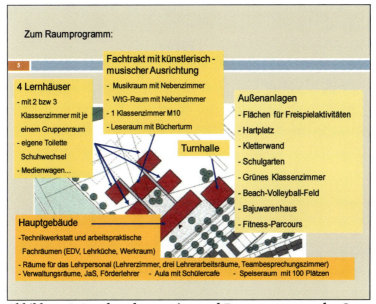

Abbildung 8: Lernhauskonzeption und Raumprogramm der Otto- Schwerdt- Schule

Literatur

Internetseite des Staatsministeriums für Unterricht und Kultus: http://www.km.bayern.de/eltern/schule-und-familie/ganztagsschule.html

Verwendete Abbildungen:
Alle Abbildungen sind schulhausinternen Materialien zur Fortbildung und zur Öffentlichkeitsarbeit der Otto-Schwerdt-Mittelschule entnommen; Autor sämtlicher Abbildungen: Klaus Dierl.

Zum Autor

Klaus Bruno Dierl ist Rektor der Otto-Schwerdt-Mittelschule in Regensburg-Burgweinting und Verbundkoordinator des Schulverbandes Regensburg-Südost.

Sabine Bodenmeier

Konzeptentwicklung – mit veränderten Zeitstrukturen und Rhythmisierung

Im Schuljahr 2011/2012 werden an der Erich Kästner Schule in Postbauer-Heng (EKS) 590 Schüler in 26 Klassen unterrichtet. Die Schule ist in zwei voneinander getrennten Gebäuden untergebracht. Die Jahrgangsstufen eins und zwei, sowie eine dritte Klasse werden in einem eigenen Schulhaus unterrichtet. Das Kollegium umfasst 56 Lehrkräfte, eine Sozialpädagogin, eine Erzieherin und zwei Hausmeister.

Im Schuljahr 2008 / 2009 wurde im Bereich der damaligen Hauptschule eine erste Ganztagsklasse in der fünften Jahrgangsstufe eingerichtet. Die Grundschule folgte im Schuljahr 2010 / 2011 mit einer dritten Klasse. Durch einen sukzessiven Ausbau des Ganztagsangebotes werden in diesem Schuljahr bereits sechs Ganztagsklassen in den Jahrgangsstufen drei bis acht unterrichtet. Der zunehmende Bedarf an Plätzen in gebundenen GTK erforderte eine sukzessive Umstrukturierung des klassischen Schullebens hin zu einer modernen Schule mit vielfältigen Unterstützungsangeboten. Unser Konzept versteht sich als erweitertes Angebot zur Entwicklung der kognitiven und sozialen Fähigkeiten (Chancengleichheit und Förderung) mit pädagogischen Zielsetzungen, wodurch ein soziales, erlebnisorientiertes und individuelles Lernen ermöglicht werden soll.

Das Konzept berücksichtigt dabei die Bedeutung der drei klassischen Lernsäulen an sich, aber auch die Notwendigkeit einer Ausgewogenheit zwischen den Lernsäulen.

1. Soziales Lernen – Selbstwertgefühl stärken, Gemeinschaft erleben und Verantwortung übernehmen

Bereits in den Anfangsjahren des Ganztagsangebots in der EKS wurde die gesteigerte Wichtigkeit dieser Lernsäule für einen geregelten Schulbetrieb deutlich. Die zusätzlichen Stunden und Anforderungen in den GTK bedingen klare Strukturen und soziale Kompetenzen. Ohne diese Kompetenzen steigen die Belastungen für Schüler und Lehrer und somit für das gesamte System.

Der Bedeutung des sozialen Lernens wird auf vielschichtige Art und Weise Rechnung getragen. Von wesentlicher Bedeutung ist dabei das Prinzip der „sozialwirksamen Schule", welches von Dr. Werner H. Hopf (http://www.sozialwirksame-schule.de/) entwickelt und in verschiedenen Weiterbildungen und Prozessen seit dem Schuljahr 2009 / 2010 an der Erich Kästner Schule eingeführt wurde.

Neben einer umfangreichen, vielschichtigen und alterspezifischen Werteerziehung werden verschiedene Sozialtrainings durchgeführt. In den Jahrgangsstufen drei und vier werden dazu u.a. monatliche Schülerversammlungen abgehalten, bei denen an unterschiedlichen Schwerpunktthemen gearbeitet und diskutiert wird. Symbolisiert wird dieses Training durch „**Urmel**", den Sozialzielvogel (Umgang richtig miteinander erlernen).

Die Lehrkräfte werden in ihrer Arbeit im Bereich des sozialen Lernens durch die Sozialpädagogin und auch durch die Erzieherin an der EKS unterstützt. Diese arbeiten kontinuierlich mit verschiedenen Schulklassen, Interessengruppen, aber auch individuell um die Kompetenzen der Schüler im Bereich dieser Lernsäule zu stärken. Gute Erfolge konnten hier insbesondere durch das Prinzip des „Positive Peer Culture" (PPC) erzielt werden. Durch dieses Prinzip werden die Schüler angeleitet, trotz ihrer bestehenden Probleme ihre positive Aufmerksamkeit auf andere Schüler zu richten und ihnen zu helfen.

Ein wesentlicher Eckpfeiler, der im Zusammenhang mit dem Prinzip der sozialwirksamen Schule an unserem Institut entwickelt wurde, sind die Schulregeln der EKS. Sie wurden gemeinschaftlich im Lehrerkollegium erarbeitet und demokratisch verabschiedet. Sie sind verbindlich für alle Lehrer und Schüler aller Jahrgangsstufen.

- Ich sorge dafür, dass ich und andere an unserer Schule gut lernen können.

- Ich begegne meinen Mitschülern und Erwachsenen höflich und respektvoll und befolge die Anweisungen aller Lehrer und des Schulpersonals.

- Ich verletze meine Mitschüler und Mitmenschen weder mit Worten, Gesten noch mit Taten.

- Mit dem Eigentum anderer, mit Schulmobiliar und Lehrmitteln gehe ich sorgsam um.

- Ich nehme nur Gegenstände in die Schule mit, die dort erlaubt sind.

Ergänzend zu den Schulregeln gibt es einen Maßnahmenkatalog, der für verschiedene Verstöße entsprechende Konsequenzen vorsieht. Mögliche Sanktionen sind somit den Schülern bekannt, aber auch für das Lehrpersonal vorgegeben. Durch dieses Vorgehen wird ein hohes Maß an Gerechtigkeit erzielt und ermöglicht gleichzeitig einen relativ entspannten Umgang mit Ordnungsmaßnahmen.

Ein weiterer Bereich, der für die Gemeinschaft der Schulfamilie an der EKS von Bedeutung ist, sind die Schülervollversammlungen. Hier wurden in den vergangenen Jahren unterschiedliche Themen besprochen und diskutiert, die für das Schulleben von Bedeutung sind. Die Partizipation der Schüler beschränkte sich dabei nicht ausschließlich auf die Teilnahme an der Veranstaltung, sondern erstreckte sich von der Themenauswahl ausgehend über die Vorbereitung, Durchführung, bis hin zur Auswertung und Nachbereitung der selbigen.

2. Erlebnisorientiertes Lernen – An Erlebnissen lernen - ganzheitlicher Bildungsbegriff

Ein erlebnisorientiertes Lernen kann aus Sicht der EKS nur eingeschränkt gewährleistet werden, wenn diese sich ausschließlich auf die Kapazitäten des Lehrpersonals stützt. Deshalb hat sich die EKS bewusst auf eine intensive Öffnung der Schule eingelassen und die Unterstützung externer Fachkräfte gesucht und über die Jahre hinweg auch gefunden.

Die Ganztagschüler der EKS haben die Gelegenheit sich in unterschiedlichen externen Modulen, die in einem sechs Wochen Turnus angeboten werden, auszuprobieren. Eine Auswahl der bisherigen Module verdeutlicht dabei die Bandbreite der angebotenen Möglichkeiten:

Fußball, Drachenbau, Mini-Phänomenta, Theater, Kreatives Gestalten, Judo, Hip-Hop Tanzen, Töpfern, Tischtennis, Lesen macht Spaß, Faszination Medien, Yoga, „Weck was in dir steckt", Kegeln, Percussion, Kunst und Gestaltung, Filzen, Golf, Modedesign, Tennis, English for fun, (etc.).

Neben der Quantität an verschiedenartigen Modulen wurde auch auf eine hohe Qualität geachtet. Zu jedem Modul wurde ein pädagogisches Konzept mit altersspezifischen Zielsetzungen entwickelt und mit der Schulleitung abgesprochen.

Die Mittagspause der GTK findet in zwei Durchgängen von jeweils 60 Minuten statt. Die Jahrgangsstufen drei bis fünf haben ihre Mittagspause von 12:15 Uhr bis 13:15 Uhr, die Klassen von sechs bis acht ab 13:00 Uhr bis 14:00 Uhr. Nach der verpflichtenden Teilnahme an der Mittagsverpflegung werden die Schüler durch eine Lehrkraft, die Sozialpädagogin und die Erzieherin betreut. Die Schüler erhalten dabei wechselnde Angebote zur Gestaltung ihrer Mittagspause.

Die Schüler können in offenen Angeboten ihren Interessen in musischen, sportlichen oder gestalterischen Bereichen nachgehen. In Ergänzung dazu haben die Schüler der Jahrgangsstufen sieben und acht die Gelegenheit das Schülercafé zu nutzen.

3. Individuelles Lernen – Individuelle Förderung: der einzelne Schüler steht im Mittelpunkt

Die Basis der dritten Lernsäule ist das individuelle Lernen, hier steht der einzelne Lernende im Mittelpunkt. Aufgrund des zu erwartenden Leistungsspektrums wurde bei der Konzeptentwicklung viel Platz und Raum für individuelles Lernen reserviert. Individuelles Lernen bedingt eine veränderte Zeitstruktur und dies bedarf einer sinnvollen Rhythmisierung. Diese wird erläutert durch folgende konkrete Bausteine des Konzepts der Erich Kästner Schule Postbauer-Heng:

- Stundenplanbeispiel der Klasse 3g der Erich Kästner Schule

- Tagesablauf der Ganztagsklassen

- Phase der Sicherung als Kernstück des Konzepts dargestellt durch das Lerntagebuch, die Wochenplanarbeit und Tandemarbeit

- Transparenz für die Eltern

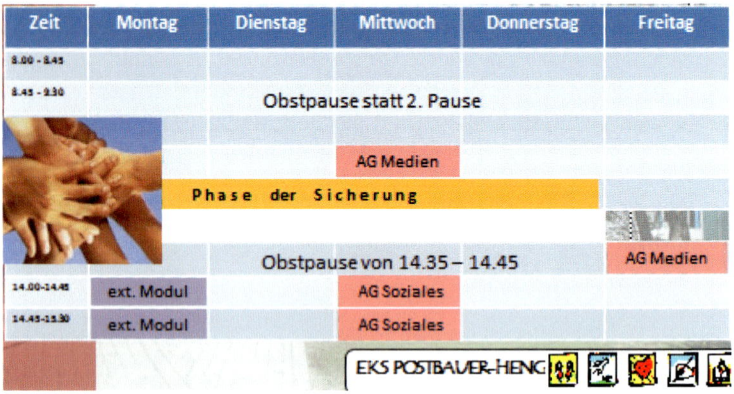

Abbildung 1: Stundenplanbeispiel aus der 3. Jahrgangsstufe

Die Schulwoche wird gefüllt mit den 28 regulären Wochenstunden laut Stundentafel des bayerischen Lehrplans und zehn zusätzlichen Stunden. Diese wiederum setzen sich zusammen aus zwei externen Modulstunden (lila), vier interne Modulstunden (rosa) und vier Stunden innerhalb der Phase der Sicherung (orange).

Der Tagesablauf ergibt sich aus folgenden wichtigen Elementen:

- das Ankommen mit Arbeitsplatzvorbereitung
- die erste gemeinsame Hofpause mit allen Klassen
- die Obstpause (vormittags und nachmittags)
- flexible Bewegungsphasen (Voll in Form, Bewegungsparcours, kinesiologische Übungen)
- die Phase der Sicherung
- der gemeinsame Tagesabschluss im Gesprächskreis

Die Organisation der Obstpause übernehmen die Schülereltern. Abwechselnd wird zubereitetes Obst und Gemüse von den Lernenden mitgebracht. Unterstützt wird die Obstpause durch das europäische Schulobstprogramm.

Phase der Sicherung als Kernstück

Täglich von 11.15 Uhr bis 12.05 Uhr findet diese Phase im Klassenzimmer und / oder Gruppenraum statt. Zusammen mit der Tandemlehrkraft versucht die Klassenlehrkraft die Lernergebnisse des Schulvormittags zu sichern. Die Phase teilt sich auf in das Schreiben des Lerntagebuchs, die Wochenplanarbeit und die Einzel- und Gruppendifferenzierung.

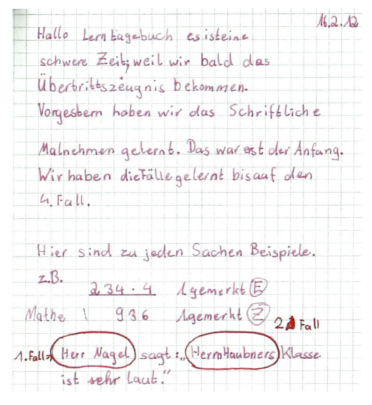

Abbildung 2: Auszug aus einem Lerntagebuch eines Lernenden

Pflichtaufgaben	fertig ✓	~	↑↑ Partner
AB Sachaufgaben			X
Arbeitsheft S. 22			

Wahlaufgaben	fertig ✓	~	↑↑ Partner
Bastle einen Quader und einen Würfel			

Pflichtaufgaben sonstiges			
HSU ☐ Text lesen und Fragen bearbeiten			X
Stehsammler kontrollieren ☐ Blätter abheften ☐ unter der Bank kontrollieren - Kontrolle am Freitag			
Wochenendgeschichte bis Montag nach den Ferien (bekommst du erst am Freitag)			
WICHTIG: Unterschrift der Eltern einholen für den Wochenplan			

Abbildung 3: Beispiel eines Wochenplans

Transparenz für die Eltern

Um Ängsten vorzubeugen und Bedenken der Eltern abzubauen, bekommen die Schülereltern wöchentlich eine individuelle Rückmeldung über den Leistungstand ihres Kindes in Form von:

- Lerntipps zum Wochenende

- Individuelle Arbeit am Fehler

- Förderplänen in verschiedenen Fächern

Konzeptentwicklung | 153

Lerntipps zum Wochenende

Woche vom 16.1.12 bis 20.1.2012   Name: _____

Fach	Inhalt	Arbeitsmaterial	dringend	zusätzlich	Bemerkung
Deu	Die Zeitstufe „Zukunft"	Heft (orange), Buch S. 38	X		Verschiedene Zeitstufen (Verg., Zukunft)
Deu	Vergleichsformen: Wir steigern Wiewörter	Heft (orange), Buch S. 64	X		Manche Wiewörter kann ich nicht steigern.
M	Zahlenraum bis 100 000 kennen	Heft (hellblau) und Buch	X		Zählen üben
Eng	What time is it?			X	
HSU	Thema: Müll			X	

Kenntnis genommen: _____

Abbildung 4: Beispiel eines Lernbogens für das Wochenende

Lernstoffunabhängige Übungsangebote

Ziele:	Übungen, Angebote, Material, Trainingsprogramme:
sicherer Umgang im Zahlenraum bis 100 dabei vor allem der Zehnerübergang simultanes Erfassen von Zahlen	Einzelarbeit mit dem Rechenschieber Montessori-Perlmaterial

Schulleistungen

Lehrziele, Stoffebene:	Übungen, Material, Programme:
Mathematik: Zahlen (LP 3.2) erfassen und darstellen bis 1000	für die Schülerin auf den 100er Raum beschränkt
Zahlen vergleichen	Perlenmaterial/Holzwürfel/Rechenschieber
Rechnen (LP 3.3) Addition/Subtraktion im Kopf halbschriftlich /schriftlich	schriftliche Addition für sie eine Hilfe Alfons-Lernprogramm

Persönlichkeitsfördernde Maßnahmen
Modul „Mut tut gut"/ „Judo - Stärkung des Selbstvertrauens"
AG Soziales - Förderung der Teamfähigkeit

Abbildung 5: Beispiel eines Förderplans

4. Ausblick

Wir hoffen mit dieser Zusammenfassung einen kleinen Einblick in unsere Arbeit und Erfahrungen im Zusammenhang mit Ganztagsklassen geben zu können. Sollten wir ihr Interesse geweckt haben und sie weitere Fragen zu unserem Konzept, oder auch der individuellen Förderung im Spezifischen haben, bieten wir ihnen gerne unsere Unterstützung an. Auch wir suchen immer wieder den Kontakt zu anderen Schulen und Institutionen und würden uns über einen breit gefächerten Austausch sehr freuen.

Auch diese Form der Öffnung ist für uns von Bedeutung, um eine stetige Weiterentwicklung zu ermöglichen. Im kommenden Schuljahr werden wir erstmals eine GTK in der ersten Klasse haben. Wir freuen uns und sind sehr gespannt auf diese neue Herausforderung.

Zur Autorin

Sabine Bodenmeier ist Rektorin der Erich Kästner Schule in Postbauer-Heng (EKS).

Nadine Gässler, Judith Müller

Die Organisation der schulischen Lernzeit unter dem Aspekt der Hinführung zum selbständigen Lernen

Problematik und mögliche Lösungsansätze

„Man hilft den Menschen nicht, wenn man für sie tut, was sie selbst tun können." (Abraham Lincoln) Als Diskussionspunkt der Ganztagsdebatte wird häufig die mangelnde Ausprägung der Fähigkeit zur selbstständigen Arbeit genannt. Die Betreuung in der Ganztagsklasse wird oft als „Rundum-Sorglos-Paket" wahrgenommen, welches das Lernen der Schüler vollständig organisiert und kontrolliert. Als Ganztagslehrkräfte sind wir auf der Suche nach Strategien, dieser Tendenz entgegenzuwirken. Unser Ziel ist dabei, die Schüler zu selbstständigem Lernen zu befähigen.

Organisatorische Rahmenbedingungen

Die organisatorischen Rahmenbedingungen schulischer Lernzeit bilden die Grundlage unserer Lösungsstrategien. Die zusätzlichen Lehrerstunden für die Ganztagsbetreuung werden in allen Jahrgangsstufen durchgängig verwendet, um die Lernzeiten in den Klassen doppelt zu besetzen.

Da viele Ganztagsklassen von einem Lehrertandem geführt werden, sich die Arbeit in den Hauptfächern aufteilt, wird darauf geachtet, dass diese Lehrkräfte den Schülern auch in der schulischen Lernzeit zur Verfügung stehen. Diese Lehrerinnen und Lehrer sind verantwortlich für die Organisation, die methodische und inhaltliche Gestaltung der Lernzeiten. Sie treffen verbindliche Absprachen und arbeiten idealerweise sehr eng zusammen. Die Möglichkeit der direkten Rücksprache bei der Lehrkraft des jeweiligen Faches während dieser Übungsphasen gibt Sicherheit und ermöglicht die selbstständige Weiterarbeit mittels kleiner Impulse.

Der Zeitrahmen für das schulische Lernen beträgt bis zu sechs Wochenstunden. Dieser angemessene Rahmen berücksichtigt das individuelle Lerntempo der einzelnen Schüler und bietet Raum für rhythmisierende, soziale und erzieherische Komponenten.

Neben dem Klassenraum stehen den Ganztagsklassen weitere Bereiche zur Differenzierung zur Verfügung. Durch die Aufteilung der Schüler in mehrere Räume und die Arbeit in Kleingruppen wird das förderliche Lernumfeld für den einzelnen Schüler weiter verbessert.

Arbeitsformen der schulischen Lernzeit

Im Hinblick auf die unterschiedlichen Voraussetzungen der Schüler und ausgehend von der Tatsache, dass in einer Klasse das Lerntempo massiv divergiert, sind die verschiedenen Arbeitsformen der schulischen Lernzeit variabel und individuell anpassbar. Die **Übung** ersetzt die klassischen Hausaufgaben und beinhaltet Elemente aktueller Unterrichtssequenzen. In Absprache der beiden Lehrkräfte werden abwechselnd Schwerpunkte auf die unterschiedlichen Fächer gelegt. Zusätzlich deckt der **Wochenplan**, je nach Jahrgangsstufe in den drei Hauptfächern Deutsch, Mathematik und Englisch, die Arbeit am Grundwissen und an notwendigen Arbeitstechniken ab, mit dem Ziel einer langfristigen Sicherung erlernter Inhalte.

Der **Förderplan** verarbeitet Ergebnisse aus verschiedenen Lernstandtests und setzt bei den individuell notwendigen Arbeitsschwerpunkten des einzelnen Schülers an.

Projekt- und Freiarbeit runden das methodische und inhaltliche Angebot in den schulischen Lernzeiten ab.

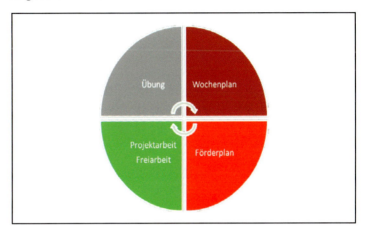

Eine so gestaltete Unterteilung in fest eingeteilte, allgemeine und selbstverantwortete, individuell einzuteilende Arbeitsformen fördert Fähigkeiten im Bereich Arbeitsorganisation und Zeiteinteilung. Wochenplan, Freiarbeit und Projektarbeit als selbstverantwortete Arbeitsformen nehmen mit höherer Jahrgangsstufe anteilig zu, während die Lehrergeleiteten abnehmen (Übung/Förderplan). Die Selbstverantwortung des einzelnen Schülers für seine Arbeit wird durch eine Verschiebung der Schwerpunktsetzung in den höheren Jahrgangsstufen gesteigert. Die individuelle Förderung der Schüler gleicht Defizite aus und erhöht die Fähigkeit selbstständig zu arbeiten. Die Projektarbeit dient der Vorbereitung auf moderne Prüfungsformate.

Ritualisierung & Rhythmisierung

Um das selbstständige Arbeiten der Schüler durch äußere Rahmenbedingungen zu unterstützen, ist ein ritualisierter und rhythmisierter Ablauf der schulischen Lernzeiten essentiell.

Ein gemeinsamer Beginn definiert den Wechsel von Unterrichtszeit zu Lernzeit. Praktische Beispiele sind das gemeinsame Feiern von Geburtstagen, das Geben von organisatorischen Hinweisen, das Einstimmungen auf den Unterrichtsablauf oder das Führen von Tagesgesprächen. Das Vorgeben klarer Strukturen ist notwendig um die selbstständige Organisation der zu erledigenden Aufgaben seitens der Schüler zu gewährleisten. Das Führen eines Lerntagebuchs, feste Regeln im Umgang mit Arbeitsmaterialien und die lernförderliche Gestaltung des Arbeitsplatzes sind mögliche Strategien. Im Sinne der Rhythmisierung sollten Entspannungselemente aus der Lernforschung oder aus Sozialtrainingsprogrammen feste Bestandteile der schulischen Lernzeiten sein. Grundsätzlich gilt, dass Störungen vorrangig behandelt werden, um in entspannter Atmosphäre effektiv arbeiten zu können. Die organisatorische Rahmenbedingung der doppelten Besetzung begünstigt die konstante Durchsetzung dieses Grundsatzes. So können Konfliktgespräche in Kleingruppen parallel zur Arbeit der übrigen Klasse mit Unterstützung einer der beiden Lehrkräfte geführt werden.

Methodenauswahl in Bezug auf das selbstständige Arbeiten

Um das selbstständige und eigenverantwortliche Arbeiten des Schülers zu fördern, ist es notwendig, eine gezielte Auswahl an Methoden zu treffen. Die Schüler sollen somit zunehmend Methoden zur Wissensaneignung und -Speicherung, zur Informationsverarbeitung und Präsentation beherrschen.

Im Folgenden wird eine Auswahl an Methoden vorgestellt, die sich neben dem Einsatz im herkömmlichen Unterricht besonders zur Anwendung in der Lernzeit eignen.

- Stationentraining

Durch das selbstständige Arbeiten und dem darauffolgenden Kontrollieren der Lösungen wird die Selbsteinschätzung der Schüler gesteigert. Dies fördert die Fähigkeit, Lernprozesse zu planen und organisieren zu können.

Organisation der schulischen Lernzeit | 159

- Erstellen von Arbeitsblättern mit Lösungen für Mitschüler

Indem sich die Kinder eigene Aufgaben für ihre Mitschüler zu einem aktuellen Stoffgebiet überlegen, entwickeln sie ein Gespür für die Herangehensweise an Fragestellungen und Arbeitsaufträgen. Dies hat sich als lohnende Übung für die Vorbereitung auf Probearbeiten erwiesen, da dies sowohl in den Hauptfächern (z. B. Mathematik: Rechenaufgaben mit Lösungen) als auch in den Sachfächern (z. B. GSE: Fragen mit Antworten) angewandt werden kann. Diese Art der Auseinandersetzung mit dem entsprechenden Themengebiet fördert die Fähigkeit Wissen zu hinterfragen, zu überprüfen und anzuwenden.

- Tutorensystem

Das sogenannte Tutorensystem ist sowohl innerhalb der Klasse, als auch klassenübergreifend einsetzbar.

Im Klassenverband sind einzelne Schüler Ansprechpartner für Fragen und Probleme im Unterricht. Diese Aufgaben können beispielsweise im Mathematikunterricht leistungsstarke Kinder übernehmen, die als „Hilfs-Sheriffs" ihren Mitschülern beratend zur Seite stehen.

Beim klassenübergreifenden Einsatz helfen Kinder aus höheren Klassen jüngeren Schülern und lernen gemeinsam. In der Praxis kann dies zum Beispiel der Aufbau eines Schulsanitätsdienstes sein, bei dem sich altersheterogene Gruppen die Aufgaben teilen. Als effektiv hat sich auch ein gemeinsames Vokabeltraining erwiesen, da dies ohne großen Aufwand relativ spontan durchgeführt werden kann.

- Arbeit in Stamm- und Expertengruppen (StEx)

Durch den Einsatz dieser Methode lernen die Schüler ihr Wissen zu verbalisieren und sich verständlich auszudrücken. Dies fördert die Fähigkeit der Aneignung von Wissen und der Gruppe Informationen vorzustellen. Dadurch können sich die Schüler in Lernfächern wie GSE oder PCB eigenständig mit der jeweiligen Thematik auseinandersetzen, was der Vor- oder Nachbereitung des Unterrichts dienen kann. Im Deutschunterricht können die Schüler mithilfe dieser Methode zum Beispiel Sachtexte erschließen.

- Präsentationen

Vor allem im Hinblick auf moderne Prüfungsformate (wie Projektprüfung, Projektpräsentationen, P-Seminare, etc.) dient diese Methode als Möglichkeit, den Schülern die notwendigen Kompetenzen (planen, beschaffen, organisieren) zu vermitteln. Außerdem fördert das Präsentieren die Fähigkeit, Informationen zu visualisieren und der Klasse Inhalte zu demonstrieren.

- Fachspezifische Arbeitsweisen (Arbeit mit gedächtnisunterstützender Informationsverarbeitung)

Durch die Anwendung fachspezifischer Arbeitsweisen wird die Fähigkeit gefördert, Wissen zu strukturieren und Informationen verarbeiten zu können. Praxisbeispiele sind das Mindmapping, das Clustering, die 5-Schritt-Lesemethode und die regelmäßige Arbeit an PC-Lernprogrammen (Schulung der Medienkompetenz).

Selbstständigkeit in der Praxis

An der Mittelschule Waldsassen findet der regulär ablaufende Stundenplan einer Ganztagsklasse ohne die Beteiligung externer Partner statt. Die Planung des pädagogischen Rahmenprogramms unter Beteiligung externer Kräfte liegt in der Verantwortung des Lehrertandems. Sogenannte Modultage mit unterschiedlichen lehrplanbezogenen, sozialen, erlebnispädagogischen oder berufsorientierenden Inhalten finden in regelmäßigen Abständen statt und sind wesentlicher Bestandteil des GTK-Gesamtkonzepts.

Zu den Autorinnen

Nadine Gässler und Judith Müller sind Lehrerinnen an der Mittelschule Waldsassen.

Günther Leo Redolfi

Die Förderung der Sozialkompetenz und der Umgang mit verhaltensschwierigen Kindern Qualitätsentwicklung

am Beispiel der Friedrich-Rückert-Volksschule (Grundschule) Schweinfurt

Vorbemerkungen

Die jeweils spezifischen, schulinternen Rahmenbedingungen und das lokale Umfeld beeinflussen die konzeptionellen Zielsetzungen, unter denen Ganztagsschule aufgebaut und deren Qualität weiterentwickelt wird. *Einigkeit über pädagogische Kerngebiete..., um kollegiale Gestaltungsenergien und sich ergänzende Spezialgebiete im Kollegium zusammenzubringen und zu bündeln*[1], ist als wesentliche Voraussetzung für die erfolgreiche Umsetzung von Schulkonzepten anerkannt. An der Friedrich-Rückert-Grundschule wird Wert darauf gelegt, *Zuversicht und Kritik zu Tugenden der Entwicklung zu machen,* damit Innovationen *in einem Raum des Vertrauens gedeihen*[2] können. Die Zielstellung, die Sozialkompetenz der Schülerinnen und Schüler zu fördern und Hilfen für den Umgang mit verhaltensschwierigen Kindern zu bieten, ist nicht nur im Zusammenhang mit dem Aufbau und der Qualitätsentwicklung von Ganztagsschule zu sehen, obwohl diese allein durch den erweiterten zeitlichen Rahmen und zusätzlicher personeller Ressourcen besondere Möglichkeiten bietet.

Sie ist ausnahmslos für das gesamte Kollegium, insbesondere auch für die Kolleginnen in den jahrgangsgemischten Klassen und die Schulleitung von grundlegender Bedeutung.

---

[1] Hameyer 2012, S.25.
[2] Ebd., S.25.

Schulische Rahmenbedingungen und lokales Umfeld

Die Friedrich-Rückert-Grundschule liegt am westlichen Rand der Schweinfurter Innenstadt zwischen einer sehr verkehrsreichen Straße und der Bahnlinie Würzburg-Bamberg. Das Hauptgebäude der Grundschule wurde 1854 als königlich-landwirtschaftliche Gewerbeschule errichtet. Hier ist auch ein Hort untergebracht, dessen Träger, das Haus Marienthal e.V., gleichzeitig der wichtigste Kooperationspartner im Ganztag ist. Das Nebengebäude wurde aufwändig zum Ganztagsbereich umgebaut. Zur Schule gehören eine Sporthalle und ein großflächiger Pausenhof. Im Schuljahr 2011/2012 besuchen 187 Kinder in zehn Klassen die Grundschule. Neben vier Ganztagsklassen gibt es zwei Regelklassen, eine Kooperationsklasse mit einem Tandemteam bestehend aus Lehrerin und mobilem sonderpädagogischen Dienst. Seit September 2011 bestehen drei jahrgangsgemischte Klassen in der ersten und zweiten Jahrgangsstufe. An der Schule unterrichten 24 Lehrkräfte, darunter drei Lehramtsanwärterinnen; im Ganztagsbereich arbeiten weitere zehn Fachkräfte verschiedener Kooperationspartner. Seit Oktober 2010 ist eine Jugendsozialarbeiterin an der Schule im Einsatz.

Fast zwei Drittel der Schülerschaft haben Migrationshintergrund. Auffallend ist der auch für Schweinfurter Verhältnisse sehr hohe Anteil von Beziehern staatlicher Grundsicherung im Schulsprengel.[3] Etwa jede dritte Mutter (Tendenz steigend) ist alleinerziehend. *Die Schülerinnen und Schüler gehen gern in die Schule, sie fühlen sich angenommen und in ihrem Lernprozess begleitet.*[4]

Ein Teil der Kinder ist aufgrund ihrer individuellen Biografie und Lebenswirklichkeit einzelnen oder *multiplen Risikofaktoren*, wie z. B. Migration, Armut, Trennung oder weitere Belastungen der Familie ausgesetzt.[5] Der Elternbeirat bringt sich sehr engagiert und regelmäßig ins Schulleben ein und ermöglichte auch die Gründung eines Fördervereins.

---

[3] Jugendhilfeplan Stadt Schweinfurt, Stand: 31.12.2010.
[4] Aschrich 2011, S.37.
[5] Walper 2010, S.2.

Qualitätsentwicklung braucht Zeit und klare Ziele

Die Mitarbeit der Friedrich-Rückert-Grundschule im bundesweiten Schulentwicklungsprogramm *Ideen für mehr! Ganztägig lernen*, einer Initiative der DKJS (Deutsche Kinder- und Jugendstiftung) seit 2010 brachte wichtige Impulse für die kontinuierliche Weiterentwicklung des Ganztagsschulkonzepts (siehe Link zu Zielvereinbarungen und Schulportrait *Multiprofessionelle Schule*). Wegweisend waren mehrere schulhausinterne, teilweise von der DKJS finanzierte Lehrerfortbildungen (*Jugendsozialarbeit an Schulen, Konfliktkultur, Unterrichtsbeispiel des mobilen sonderpädagogischen Dienstes, Unsere Stärken/Unsere Ziele, Elterngespräche*), welche sich prinzipiell alle aus verschiedenen Blickwinkeln mit sozial-emotionalem Lernen und dem Umgang mit verhaltensschwierigen Kindern befassten. Die Steuergruppe förderte den Teambildungsprozess, da sie Bedenken, Vorschläge und visionäre Ideen aus dem gesamten Kollegium sammelte, bearbeitete und schließlich als schriftliche Beschlussvorlagen in Lehrerkonferenzen zur Diskussion und Abstimmung einbrachte.

Perspektivenwechsel im Konzept

Der Entwurf für die Weiterentwicklung des Konzepts greift Ansätze und Ergebnisse der Resilienzforschung auf. Resilienz wird als die *Fähigkeit* verstanden, *erfolgreich mit belastenden Lebenssituationen umzugehen.*[6] Statt defizitorientiert zu sein, nimmt sie die Ressourcen der Kinder in den Focus und intendiert eine Stärkung der Schutzfaktoren. Das *Sozialverhalten in Schulen als Aspekt sozialer Kompetenz* beschreiben auch Fischer, Kuhn & Züchner.[7]

---

[6] Ebd., S.4.
[7] 2011, S.247 ff.

Die Beschlussvorlage für die Lehrerkonferenz wird in Auszügen kurz wiedergegeben (Stand: April 2012):

> Es ist für uns von grundlegender Bedeutung, gegenüber unseren Schülerinnen und Schülern, die zum Teil verstärkt Risikofaktoren ausgesetzt sind und ein erhöhtes Maß an Aufmerksamkeit und Unterstützung brauchen, eine empathische, beziehungsorientierte und wertschätzende Grundhaltung einzunehmen. Da aufgrund des gesellschaftlichen Wandels zunehmend mehr Familien ihre Aufgabe im Bereich des sozial-emotionalen Lernens nicht mehr ausreichend erfüllen, erachten wir die Förderung der Sozialkompetenz neben der Förderung der Sprachkompetenz an unserer Schule als überaus wichtig und grundlegend für Unterricht und Erziehung.
> *Basiskompetenzen*[8] bzw. *zentrale Ziele*[9] sozial-emotionalen Lernens sind *Selbstwahrnehmung, Selbststeuerung, Selbstvertrauen und Selbstwertgefühl, Selbstwirksamkeitsüberzeugung, Sensibilität, Kommunikations-fähigkeit, Kooperationsbereitschaft, Fähigkeit zu Empathie und sozialer Perspektivenübernahme, Regelbewusstsein, Toleranz und Konfliktlösefähigkeit.* Die an unserer Schule erarbeiteten Regeln werden von allen Lehrkräften getragen. Auf ihre Einhaltung wird von allen geachtet.
> Unser Ziel ist es, dem einzelnen Kind wie auch der Klasse durch klare Strukturen Sicherheit, Orientierung und Zuversicht zu vermitteln. Dies schafft die Basis für eine *Kultur der Anerkennung*[10], in der positive Gruppenerlebnisse und angemessene individuelle Leistungsanforderungen unseren Schülerinnen und Schülern helfen, Erfolge zu erzielen und neue Anforderungen als Herausforderungen zu begreifen.

> Dieses Vorgehen soll es allen Kindern trotz teilweise schwieriger Bedingungen im außerschulischen Umfeld ermöglichen, eigene Stärken bzw. Resilienz im Umgang mit problematischen Situationen zu entwickeln.

---

[8] Ebd., S.4.
[9] Sigel 2010, S.3.
[10] Ebd., S.2.

Aufbau und Pflege eines Netzwerkes außerschulischer Förderer

Sehr gute Voraussetzungen für die intensive individuelle Förderung und für die Anbahnung sozial-emotionalen Lernens werden durch eine Vielzahl von Differenzierungsmaßnahmen geschaffen. Dementsprechend werden diese, vor allem in den Ganztagsklassen, durch Teamteaching und die Teilung des Klassenverbandes, überwiegend am Nachmittag, und durch rhythmisierend wirkende zusätzliche Angebote außerschulischer Fachkräfte im musischen und sportlichen Bereich erfüllt. Ermöglicht wird dies nur zum Teil durch die für Ganztagsklassen zur Verfügung stehenden zusätzlichen Lehrerstunden und finanziellen Mittel. Eine ganz wesentliche Rolle spielen darüber hinaus der aktive Aufbau und die Pflege eines Netzwerkes außerschulischer Förderer und Freunde der Friedrich-Rückert-Grundschule. Die Unterstützung durch Stiftungen, Sportvereine, Verbände, Musikschule und insbesondere auch die katholische und evangelische Kirche erlaubt den Einsatz zusätzlicher pädagogischer Fachkräfte, die für die Umsetzung der konzeptionellen Ziele wertvolle Arbeit leisten. Ehrenamtlich bringt sich darüber hinaus eine Gruppe von *Lesementoren* seit mehreren Jahren engagiert ein, um die Freude am Lesen zu vertiefen. Nachmittags wird eine außerschulische Hausaufgabenbetreuung angeboten.

Stolpersteine für multiprofessionelle Teams

Die Kooperation von Erziehern, Sozialpädagogen, kirchlichen Gemeindereferenten, Religionspädagogen, Pfarrern, Fachlehrern, Sonderpädagogen, Trainern aus Sportvereinen, ehrenamtlich engagierten Lesehelfern und Lehrkräften *führt nicht automatisch zu einer veränderten pädagogischen Praxis. Unkenntnis über die Arbeitsbedingungen und Standards der jeweils anderen Profession und besonders unzureichende zeitliche und personelle Ressourcen* können zu *Stolpersteinen* in der Ganztagsschule werden und die Zusammenarbeit erschweren.[11]

---

[11] Stolz 2010, S.127.

Die Kooperation verläuft erfolgreicher, wenn Aufgaben, Einsatz, gegenseitige Erwartungen und Zielstellungen geklärt und falls nötig auch schriftlich fixiert sind. Entscheidend sind regelmäßige, fest installierte Treffen, die einen Austausch über Erfahrungen und Vorkommnisse im Schulalltag mit Lehrkräften aus dem Ganztagsbereich und der Schulleitung ermöglichen. Hierarchisches Denken und Auftreten wirken in der Zusammenarbeit kontraproduktiv, ein wertschätzender Umgang mit kompetenten und engagierten Fachkräften stärkt dagegen die Vertrauensbasis. Für die Qualitätsentwicklung sehr gewinnbringend ist die längerfristige, über ein Schuljahr hinaus, andauernde Zusammenarbeit mit gleich bleibenden Fachkräften für die Mitarbeit im Ganztagsschulbereich und festen Ansprechpartnern außerschulischer Freunden und Förderer der Schule.

Sozial-emotionales Lernen stärkt alle Kinder:
praktische Beispiele aus dem Schulleben

Auf der Homepage der Friedrich-Rückert-Grundschule Schweinfurt (siehe Linkverzeichnis) sind zahlreiche Beispiele aus dem Schulleben seit 2008 dokumentiert. An dieser Stelle wird eine Auswahl im Zusammenhang mit konzeptionellen Zielstellungen vorgestellt. Die aufgezeigten Beispiele sind überwiegend als präventiv wirkende Maßnahmen zu verstehen.

I. Gesundheitliche Prävention

Gesunde Ernährung und uneingeschränkte Teilhabe am Unterricht stehen in engstem Zusammenhang. Seit 2010 erhält ein Teil der Schülerschaft täglich ein kostenloses und reichhaltiges Frühstück der Schweinfurter Kindertafel. Von allen Kindern sehr gern angenommen wird frisches Obst. Angeboten wird dies vom *Europäischen Schulfruchtprogramm* und der DGUV-Lernen und Gesundheit (das *gesunde Frühstück*).
Es wird zweimal im Schuljahr in den Klassen in Zusammenarbeit mit den Eltern vorbereitet.

Das warme Mittagessen ist für die meisten Kinder der Ganztagsklassen ein geschätztes Highlight. Die Erzieherinnen des Kooperationspartners legen während des Mittagessens großen Wert auf einen geordneten Rahmen, Rituale und eine angenehme Atmosphäre, in dem es allen
6 bis 10 jährigen Kindern besser gelingt, höflich zu sein sowie auf Tischsitten und die Bedürfnisse der anderen zu achten. Unterstützt werden sie in ihrem Bemühen von Lehrkräften, die ihre Schülerinnen und Schüler zum Speiseraum begleiten und dort pünktlich und in Ruhe übergeben. Sehr beliebt bei den Kindern ist es, wenn ihre Lehrkräfte am Mittagessen teilnehmen.
Eine schulinterne Umfrage ergab, dass auffallend viele Mädchen und Jungen in ihrer Freizeit unter Bewegungsmangel leiden.

Der großflächige Pausenhof ist mit multifunktionalen Kletter- und Turngeräten ausgestattet und bietet mannigfaltige Möglichkeiten, sich zu bewegen und zu spielen. Ganztagsklassen erhalten zusätzliche Sportstunden. Die Kooperation mit Sportvereinen ermöglicht weitere attraktive Angebote (Schwimmen, Golf, grundlegende Sportförderung und Fitness). Im Entspannungstraining werden Kinder mit Übungen vertraut gemacht, die ihre Körperwahrnehmung stärken und ihnen helfen, sich auch in Stresssituationen zu entspannen.
Das von Lehrkräften entwickelte Konzept der pädagogisch gestalteten Pause geht auf die individuellen Bedürfnisse der Mädchen und Jungen im Ganztagsbereich ein. Nach dem Mittagessen stehen in der Pause noch mehrere Angebote für sie bis zum Beginn des Nachmittagsunterrichts um 14:00 Uhr zur Auswahl: im Stilleraum zur Ruhe kommen, ein Angebot aus der Kunsterziehung wahrnehmen, Spiel und Bewegung im Pausenhof.

II. Positive Gruppenerlebnisse

Multireligiöse Schulfeiern für die gesamte Schulfamilie zu Beginn und am Ende des Schuljahres gehören mittlerweile zur Tradition und sind Ausdruck des respektvollen und wertschätzenden Umgangs miteinander.

Sie fördern das Gefühl, einer Schulgemeinschaft anzugehören und in dieser Gemeinschaft zu Hause zu sein. Multireligiös heißt die Feier, weil bei ihr Menschen aus unterschiedlichen Religionen ohne Vermischung ihrer Religion nebeneinander beten. Das Gebet der jeweils anderen nehmen die Beteiligten respektvoll wahr. Die Teilnahme an diversen sportlichen Wettkämpfen auf Stadtebene, Schullandheimaufenthalte, Schulfeste und öffentliche Aufführungen von Schulkassen z.B. anlässlich einer Adventsfeier im Rathaus bieten den teilnehmenden Kindern bei entsprechender Vorbereitung durch die Lehrkräfte viele Möglichkeiten, sich angemessenen Aufgaben und Anforderungen im sozialen Umfeld mit Freude erfolgreich zu meistern und so Selbstvertrauen und Selbstwertgefühl zu entwickeln.

III. Kinder brauchen Konfliktlösungsstrategien

Soziales Lernen findet ständig statt. Jede Lehrkraft ist im Schulalltag soziales Vorbild. Durch das Aufzeigen und Erarbeiten von positiven Beispielen können Kinder erfahren, wie förderliches und erwünschtes Verhalten aussieht und zu zeigen ist. Programme zur Steigerung von Basiskompetenzen erscheinen auch deswegen sinnvoll, weil *soziales Lernen den unguten Status der Beliebigkeit und Beigabe verliert*[12]

Mit gutem Erfolg werden von ausgebildeten Fachkräften (Jugendsozialarbeiterin und Religionspädagogin) in Zusammenarbeit mit der Klassenleitung bzw. den Eltern regelmäßig geeignete Programme durchgeführt.

Ich schaff's ist ein lösungsfokussiertes Lern- und Arbeitsprogramm von Ben Furmann, mit dem Kinder und Jugendliche lernen können, Schwierigkeiten konstruktiv zu überwinden, indem sie neue Fähigkeiten lernen.

Ziel von *Faustlos* ist die Erweiterung des Verhaltens- und Erlebensrepertoires von Kindern, damit sie flexibler auf die verschiedensten sozialen Situationen reagieren können und an Konfliktfähigkeit und Selbstbewusstsein gewinnen.

---

[12] Pädagogisches Konzept der Friedrich-Rückert-Grundschule 2007, S.14.

Förderung der Sozialkompetenz | 171

Der Umgang mit verhaltensschwierigen Kindern

Klare Regeln, viel positive Zuwendung und ein respektvoller Umgang miteinander schaffen die Grundlagen für eine Kultur der Anerkennung. Die konzeptionelle Zielstellung, Basiskompetenzen der Schülerinnen und Schüler zu fördern, intendiert eine günstige Entwicklung im Bereich sozial-emotionalen Lernens.

Eine gezielte und umfassende Qualitätsentwicklung schließt im Schulalltag das Auftreten von Konflikten mit verhaltensschwierigen Kindern während des Unterrichts oder in den Pausen keineswegs aus. Diese erfordern meist ein sofortiges Eingreifen der Lehrkraft oder des externen Personals.

Als *verhaltensschwierig* soll ein Kind an dieser Stelle dann gelten, wenn es einen Förderbedarf im sozial-emotionalen Bereich aufweist, den Schulfrieden wiederholt oder massiv stört, z. B. indem es andere körperlich oder verbal verletzt, sich selbst in Gefahr bringt, fremdes Eigentum beschädigt oder sein Verhalten ein weiteres Unterrichten unmöglich macht.

Seit dem Schuljahr 2010 / 2011 ist eine Sozialpädagogin im Rahmen von *Jugendsozialarbeit an Schulen* (JaS) an der Friedrich-Rückert-Grundschule eingesetzt. Sie berät, begleitet und unterstützt Kinder, Eltern und Lehrkräfte in unterschiedlichen Problemlagen. Sie vermittelt Kontakte und weiterführende Hilfen und setzt Projekte mit Gruppen oder Klassen in die Tat um.
JaS wird auch als niederschwelliges Angebot des Jugendamtes verstanden.
Die Sozialpädagogin hat eine Lehrkraft als Tandempartnerin. Wöchentlich (Jour fixe) findet ein Austausch mit dem Schulleiter statt.

Schulleitung und Kollegium erachten unter anderem folgende Maßnahmen bzw. Überlegungen im Umgang mit verhaltensschwierigen Kindern für besonders wichtig:

- Grundlage für die Einschätzung der individuellen Stärken und Schwächen unserer Kinder im sozial-emotionalen Bereich bildet eine dokumentierte Schülerbeobachtung.
- Die Klassenleiterin wird schriftlich über Konflikte informiert. Sie koordiniert und initiiert im Bedarfsfall weitere Maßnahmen.
- Feste wöchentliche Besprechungszeiten und z. B. auch der Austausch von Nachrichten per Email dienen der gezielten Kommunikation zwischen Lehrkräften und externem Personal einer Klasse.
- Die Eltern werden frühzeitig nachweislich in Kenntnis gesetzt.
- Sehr hilfreich sind Verstärkerpläne, die eine schnelle und zuverlässige Rückmeldung an Kind und Eltern erlauben.
- Lehrkräfte und Schulleitung setzen klare Grenzen, wenn gegen den respektvollen Umgang miteinander verstoßen wird.
- Möglich sind Auszeiten in anderen Klassen oder bei der Jugendsozialarbeiterin. Vor einer Anordnung, am Sozialen Lernen nach dem Unterricht teilnehmen zu müssen, werden die Eltern benachrichtigt.
- Kollegiale Beratung kann helfen, das Kind objektiver wahrzunehmen.
- In zeitnah geführten Elterngesprächen werden mögliche Ursachen für das Verhalten gesucht, Anliegen und Ängste der Eltern ernst genommen, Lösungsansätze und Zielsetzungen vorgeschlagen und Erwartungen an die Eltern klar dargelegt.
- Die Erstellung eines Förderplans (Ursachen, Maßnahmen, Ziele) unter Einbeziehung möglichst vieler mit dem Kind arbeitenden Lehrkräfte und externen Fachkräfte ist Aufgabe der Klassenleiterin.
- Wenn es akut oder längerfristig notwendig erscheint, berät und hilft die Jugendsozialarbeiterin.

- Der Schulleiter wird über wiederholte oder heftigere Konflikte oder die Erteilung von Ordnungs- und Erziehungsmaßnahmen (BayEUG) in Kenntnis gesetzt. Das weitere Vorgehen wird gemeinsam abgesprochen.
- Im Bedarfsfall oder auf Wunsch der Eltern wendet sich die Jugendsozialarbeiterin ans Jugendamt, um z. B. die Möglichkeit weiterer Hilfsmaßnahmen abzuklären.
- In Absprache mit den Eltern werden Fachdienste (Mobiler sonderpädagogischer Dienst, Schulpsychologe, Beratungslehrer) miteinbezogen bzw. die Untersuchung durch einen Facharzt angeraten.

Herausragende Bedeutung für die erfolgreiche Umsetzung der genannten Maßnahmen und die Entwicklung individueller Fördermöglichkeiten hat eine gute Kooperation zwischen

- den Lehrkräften und den externen Fachkräften, welche mit einem Kind arbeiten, und
- der Schulleitung der Grundschule, der Jugendsozialarbeiterin, den Kooperationspartnern im Ganztag und den verschiedenen Einrichtungen und Fachdiensten.

Wenn *Stolpersteine* bei der Zusammenarbeit in kleineren oder größeren multiprofessionellen Teams aus dem Weg geräumt sind, entstehen Synergieeffekte zum Wohle des Kindes, da sein Verhalten und mögliche Förderansätze aus verschiedenen Blickwinkeln gesehen werden.

Elternarbeit

Eltern spielen eine wichtige Rolle und müssen, wenn dies möglich ist, in Entscheidungen kooperativ miteinbezogen werden. Von sehr großer Bedeutung insbesondere auch für den Umgang mit verhaltensschwierigen Kindern ist die *sensible Phase des Übergangs* zwischen Tageseinrichtung und Grundschule im letzten Kindergartenjahr und im ersten Grundschuljahr. Der Erfahrungshintergrund, den die Fachkräfte der Kindertageseinrichtungen aufgrund ihrer mehrjährigen intensiven Begleitung des Kindes haben, kann der Schule helfen, das Kind besser zu verstehen. Voraussetzung für den Fachdialog ist die schriftliche Einwilligung der Eltern. Dreiergespräche unter Beteiligung der Eltern haben sich in der Praxis als wertvoll erwiesen.

Das frühzeitige gegenseitige Kennenlernen in diesem sehr persönlichen Rahmen (Elternabende der Schule und Besuche der Kindergartenkinder in den Schulklassen) wirkt vertrauensbildend und hilft Elternhaus und Schule, wichtige Entscheidungen im Hinblick auf die Förderung und in Bezug auf die schulische Laufbahn des Kindes noch besser treffen zu können. Im so genannten *Rucksack-Projekt* werden Mütter mit Migrationshintergrund mit den Anforderungen vertraut gemacht, die ihr Kind in der Schule erwartet. Das wöchentlich statt findende Elterntreffen wird von der Leiterin des Hortes im Schulgebäude durchgeführt und zeigt den freiwillig teilnehmenden Eltern in enger Zusammenarbeit mit den Klassenleiterinnen, wie sie ihre Schulkinder unterstützen können. Seit 2011 gibt es das Elterncafé für türkische Mütter.

Es entstand auf Initiative einer türkischstämmigen und einer deutschen Lehrkraft. Etwa vier- bis fünfmal jährlich treffen sich türkische bzw. muslimische Mütter im Speiseraum der Ganztagsklassen zum gemeinsamen Frühstück. Gleichzeitig wird von den Lehrkräften oder von eingeladenen Referentinnen (z. B. der Schulleiterin eines Förderzentrums) ein wichtiges Thema im Hinblick auf Erziehung und Fördermöglichkeiten) vorgestellt. Sprechstunden, Elternsprechtage sowie Eltern- und Informationsabende werden von vielen grundsätzlich regelmäßig besucht.

Zusammenfassung und Ausblick

Schulleitung, Kollegium und externes Personal der Friedrich-Rückert-Grundschule verstehen Schule bzw. Ganztagsschule als *dynamische und lernende Organisation.* (Dollinger 2012, S.257). Der Prozess der Qualitätsentwicklung wird auf andere Bereiche (z. B. Jahrgangsmischung, offene Unterrichtsformen, etc.) übertragen werden und seine Fortsetzung finden. Das Schulkonzept wurde insbesondere im Bereich der Förderung sozial-emotionalen Lernens weiterentwickelt. Seine Umsetzung in der Schulpraxis wird intern evaluiert werden. Die Unterstützung der Schule durch ein Netzwerk außerschulsicher Förderer ist für alle Kinder von Vorteil. Das externe Personal der Kooperationspartner bringt sich zuverlässig und kompetent ein. Das Kollegium arbeitet trotz Fluktuation team- und leistungsorientiert und stellt sich sehr engagiert allen Aufgaben und Herausforderungen. Auch innerhalb der Schulleitung wird zwischen Schulleiter und Schulleiterstellvertreterin großer Wert auf eine gute Kooperation gelegt. Die Identifikation der Lehrkräfte mit *ihrer* Schule ist hoch. In multiprofessionellen Teams können wertvolle Synergieeffekte zum Wohle der Kinder entstehen. Auch der Einsatz der Jugendsozialarbeiterin ist für die gesamte Schulfamilie eine große Hilfe. Dennoch bleiben der erzieherischen Arbeit auch Grenzen gesetzt.

Der Schulleitung kommt die wichtige Aufgabe zu, den Lehrkräften für ihren Einsatz gerade auch wegen der hohen Belastungen besondere Anerkennung und Wertschätzung entgegenzubringen und in geeigneter Weise im Kollegium Aspekte der Lehrergesundheit in den Vordergrund zu rücken. Der respektvolle Umgang mit Schülerinnen und Schülern auch in Konfliktsituationen erfordert auch den Aufbau einer *professionellen Distanz* (vgl. Multimediale Fortbildungsbausteine des ISB 2011) bei allen Lehrkräften. Eigene Grenzen zu akzeptieren und Erfolge auch wahrnehmen zu können, hilft Überforderung vorzubeugen, die Berufsfreude zu erhalten und *Gelassenheit ohne Gleichgültigkeit* zu entwickeln.

Literatur

Aschrich, K. (2011) Abschlussbericht über die externe Evaluation an der Friedrich-Friedrich-Rückert-Grundschule Schweinfurt.

Dollinger, S. (2012): Gute (Ganztags-)Schule? Bad Heilbrunn: Forschung Klinkhardt.

Fischer, N./Kuhn H.P./Züchner, I. (2011): Sozialverhalten in Schulen als Aspekt sozialer Kompetenz. In: Ganztagsschule: Entwicklung, Qualität, Wirkungen. Längsschnittliche Befunde der Studie zur Entwicklung von Ganztagsschulen (StEG), Weinheim und Basel: Juventa, S.246-266.

Hameyer, U. (2012). Auf jede Form von Stromlinienförmigkeit verzichten. In Bayerische Schule 1 / 2012, S.25.

Jugendhilfeplan Stadt Schweinfurt, Stand: 31.12.2010.

Kunstmann, E., Redaktion (2011), ISB (Hrsg.): Multimediale Fortbildungsbausteine: Erziehung unterstützen – sonderpädagogische Angebote für Schulen auf dem Weg zur Inklusion, München.

Sigel, R. (2010): Sozial-emotionales Lernen – ein unverzichtbarer Bestandteil der Unterrichtsgestaltung. In: Erziehung konkret. ISB (Hrsg.) Nr. 03, S.3.

Stolz, H.-J. (2010): Lokale Bildungslandschaften. In: Rahm, R./Weier, U. (Hrsg.): Forum Wissenschaft und Bildungspraxis Band 2: Ganztagsschule organisieren – Ganztagsunterricht gestalten. Bamberg: University of Bamberg Press, S.121-132.

Walper, S. (2010): Kinder in schwierigen Lebenslagen stärken – Resilienz fördern. In: Erziehung konkret. ISB (Hrsg.) Nr. 04, S.2-7.

Links

http://www.ganztaegig-lernen.de
http://www.lerche.monheim.de/pdf/faustlos.pdf
http://www.friedrich-rueckert-schule-sw.de
http://www.ichschaffs.com
http://www.isb.bayern.de

Zum Autor

Günther Leo Redolfi ist Schulleiter an der Friedrich-Rückert-Schule in Schweinfurt.

Rainer Schatz

Schwierige Schülerinnen und Schüler – Präventionsarbeit auch durch Freizeitgestaltung

1. Was sind „schwierige" Schülerinnen und Schüler?

a) Sie zeigen bestimmte Verhaltensweisen

- *Sie verstoßen gegen Regeln (Gesprächs-/ Verhaltensregeln):* Dazwischenrufen, laute Gespräche mit Nachbarn, unpassende Bemerkungen, während des Unterrichts umherlaufen im Klassenzimmer, unter dem Tisch sitzen usw.
- *Sie verhalten sich ihren Mitschülern gegenüber aggressiv, sowohl verbal als das sie auch handgreiflich werden* (Fäkalsprache, Bedrohungen, Mobbing, Schlägereien usw.).
- *Sie tragen ihre allgemeine Schulunlust offen zur Schau.*

b) Mögliche Ursachen:

- können *in der Familie / im sozialen Umfeld gelernte Verhaltensweisen* sein oder anders ausgedrückt: Erwünschte Verhaltensweisen wurden nicht oder nur unzureichend gelernt.
- können *sozial / emotionale Probleme sein*: Minderwertigkeitsprobleme, Ängste, Bindungslosigkeit usw.

c) Hilfe anbieten, indem

- auf das Erlernen erwünschter Verhaltensweisen Wert gelegt wird.
- Situationen angeboten werden, die Erfolgserlebnisse ermöglichen, positives Verhalten gezeigt und erwünschtes Verhalten verstärkt werden kann.

- Möglichkeiten geschaffen werden, in denen die Wertschätzung der Person besonders zum Ausdruck kommt.

Dass auch die Gestaltung des Unterrichts großen Einfluss auf das Verhalten schwieriger Schüler hat ist uns bewusst, wird im Weiteren aber nicht explizit angesprochen.

2. Maßnahmen der Schule

a) „schwierige" Schüler früh erkennen

Wir müssen beobachten, dass die Anzahl der „schwierigen" Schüler in den Ganztagsklassen steigt, da eine Auswahl der Schüler aufgrund der sinkenden Schülerzahlen nicht mehr möglich ist.

Ganztagsklassen werden aber nicht ausschließlich von „schwierigen" Schülern besucht. Daher betreffen die meisten der Maßnahmen, die Ihnen vorgestellt werden, auch nicht ausschließlich die Ganztagsklassen, sondern die gesamte Schule.

Aus diesen Beobachtungen ergeben sich für uns folgende Konsequenzen:

- **Kontaktaufnahme mit den Grundschulen bis hin zum Unterrichtsbesuch**
  In Gesprächen mit den Schulleitungen der Grundschule erfragen wir Problemschüler und die Einschätzung durch die Klassenlehrer. Bei besonders problematisch beschriebenen Kindern schaut auch ein JaS-Mitarbeiter in der Klasse vorbei, um einen ersten Eindruck von diesem Schüler zu erhalten.

- **Infonachmittag**
  In dessen Rahmen werden zukünftige Fünftklässler und deren Eltern in die Schule eingeladen. Wir stellen unsere Schule mit ihren Einrichtungen, Angeboten und Möglichkeiten vor.
  Eltern – auch Eltern „problematischer" Schüler – haben während der Vorstellung und anschließend ausreichend Möglichkeiten Lehrer und Mitarbeiter der JaS anzuspre-

chen und Probleme zu erörtern. Seit dem letzten Jahr verbinden wir den Infonachmittag mit unserem Schulfest. So erhalten unsere zukünftigen Schüler und deren Eltern gleich Einblick in unser Schulleben.

- **Schullandheimaufenthalt in der 1. Schulwoche**
Unsere Schüler der fünften Jahrgangstufe kommen aus mehreren Schulen und unterschiedlichen Klassen. Aus diesem Grund ist ein gegenseitiges Kennenlernen der Schüler, sowie der neuen Klassenlehrkraft und der JaS-Mitarbeiterinnen außerhalb des täglichen Schulalltages sehr wichtig.
Wie läuft diese Woche ab?
Die ersten Beobachtungen der Schüler finden auf einer gemeinsamen Wanderung (ca. 15 km) zum Selbstversorgerhaus statt. Währenddessen können die ersten Beurteilungen z. B. über Sozialverhalten, Ausdauer und Durchsetzungsvermögen der Schüler getroffen werden, aber auch Gespräche über Familie, Freunde, Beziehungen und Erlebnisse stattfinden.
Die Unterbringung erfolgt in Mehrbettzimmern. Die Mahlzeiten werden von den Schülern unter Anleitung selbst zubereitet. Auf diese Weise können sie erleben, dass sie zu dieser Aufgabenbewältigung fähig sind.
Mit den Schülern wird ein abwechslungsreiches Programm im Arbeits- und Freizeitbereich ohne TV und PC gestaltet. Die Kommunikations- und Kooperationsfähigkeit werden geschult. Erlebnispädagogische Angebote runden das Programm ab. Der Schullandheimaufenthalt bietet die Grundlagen für das über das Schuljahr verteilte Sozialtraining im Schulalltag.

Frühzeitige Kontaktaufnahme mit Eltern
Werden hier Feststellungen getroffen, die eine sofortige direkte Kontaktaufnahme mit den Eltern erfordern, so findet diese zeitnah statt. Uns ist bewusst, dass Eltern frühestmöglich in die schulische Arbeit mit einbezogen werden sollen und nur mit Unterstützung eine erfolgreiche Präventionsarbeit möglich ist.

b) Hilfen in der Schule anbieten

In unserem Konzept für Ganztagsklassen steht unter anderem:
Die Schüler sollen in einem angemessenen Sozialverhalten geschult werden, Werteerziehung erfahren und Projekte zur Gewaltprävention erleben.

Wie setzen wir das um?

- **Sozialtraining durch JaS und Klassenlehrer**
  Die Schüler werden durch spielerische Übungen, theoretische und praktische Aufgabenstellungen befähigt, sich selbst besser einzuschätzen; ihre Stärken und Schwächen zu erkennen und zu akzeptieren.

Durch die Anbahnung der Reflexionsfähigkeit, können Schüler auch die Anderen und ihr Verhalten besser verstehen und mit gelegentlichen Konflikten lösungsorientiert umgehen.
Themen des Sozialtrainings sind: „Ich sehe mich selbst"; „Ein Problem, viele Lösungen"; „Gemeinsam – statt einsam".
Das Sozialtraining orientiert sich sehr stark an der jeweiligen Klassensituation. Momentane Stimmungen, aktuelle Konflikte und gruppeninterne Bedürfnisse werden einkalkuliert. Die Umsetzung der einzelnen Aufgaben findet überwiegend durch praxisorientierte Tätigkeiten statt, denn theoretische Aufarbeitungen gehen meist an den Bedürfnissen und Möglichkeiten der Schüler vorbei.
Bei der vertieften Durchführung dieses Projektes in den Ganztagsklassen hat uns das Ministerium für Arbeit und Soziales aus nicht nachvollziehbaren Gründen absichtlich behindert.
Über die finanziellen Mittel, welche für Ganztagsklassen bereitgestellt werden, konnten wir für einige Jahre die Fachkräfte der JaS anstellen. Das Angebot umfasste in den Ganztagsklassen einen Nachmittag in der Woche und bot „vertieftes" Sozialtraining. Gerade für die schwierigen Schüler, von denen wir wie eingangs bereits

erwähnt, einen hohen Anteil in den Ganztagsklassen haben, hatte sich dies ausgesprochen positiv bemerkbar gemacht.
Leider wurde dem Träger der JaS unter Androhung der Streichung von Fördergeldern untersagt, die JaS Mitarbeiter für dieses Projekt weiter zur Verfügung zu stellen. Hier wurde ein sinnvolles Konzept durch eine unverständliche, sachlich nicht begründete Anordnung zerstört.

Eine Reihe von Schülern ist so problembeladen, dass Maßnahmen im Klassenverband nicht ausreichen. Um Einfluss auf diese Schüler zu nehmen findet je nach Bedarf eine

- **Einzelbetreuung und situative, individuelle Kleinstgruppenarbeit durch die Mitarbeiter der JaS**

statt.

Stören einzelne Schüler in nicht mehr hinnehmbaren Maß den Unterricht, wurde als Präventions- und Wiedereingliederungsmaßnahme ein

- **Trainingsraumprogramm**

eingeführt. Der betroffene „Störenfried" wird in den Trainingsraum verwiesen und führt eine, von der unterrichtenden Lehrkraft dokumentierte, Kurzbeschreibung des Fehlverhaltens mit sich. Im Trainingsraum wird er von einem Lehrer in Empfang genommen. Der Schüler muss schriftlich Überlegungen zu seinem Fehlverhalten und zu einer Änderung seines Verhaltens anstellen. Diese Denkansätze werden mit der aufsichtführenden Lehrkraft besprochen. Anschließend darf der Schüler wieder in die Klassengemeinschaft zurück. Sollte ein Schüler ein zweites Mal am Tag aufgrund eines Fehlverhaltens den Trainingsraum aufsuchen müssen, werden seine Eltern verständigt mit der Bitte um Abholung.

Als weitere Maßnahmen haben wir für interessierte und geeignete Schüler die
- **Streitschlichterausbildung** und die
- **Schulsanitäterausbildung ab der sechsten Klasse**

eingeführt. Der Inhalt dieser Projekte muss nicht eigens vorgestellt werden. Sie dienen nach unserer Auffassung der Persönlichkeitsbildung und der Stärkung des Selbstwertes, weil Situationen angeboten werden in denen positives Verhalten gezeigt werden kann und Erfolgserlebnisse vermittelt werden.

In einigen Fällen ist die Schule auch zusammen mit den Eltern überfordert, hier müssen wir außerschulische Hilfen vermitteln.

c) Vermittlung außerschulischer Hilfen

- **Kontakt mit Jugendamt herstellen**
  Die Mitarbeiter der JaS sind „Mitarbeiter des Jugendamtes an der Schule." Sie sind für uns der kurze Weg zum Jugendamt. Sie legen den betroffenen Eltern nahe, sich mit der Bitte um Hilfe an das Jugendamt zu wenden, vermitteln Termine und geben auch die nötigen Informationen an das Jugendamt weiter. Darüber hinaus vermitteln sie auch
- **Kontakt zu Beratungsstellen.**

Schwierige Schülerinnen und Schüler | 183

3. Durch ganzheitliche Förderung Probleme vermeiden

In unserem Konzept für Ganztagsklassen steht hierzu unter anderem:

Die Schüler sollen eine Erziehung zu einer sinnvollen Freizeitgestaltung und eine kompetente Betreuung und Förderung auch am Nachmittag erfahren.

Unter Ganzheitlichkeit verstehen wir die Förderung der Kinder, zum einen mit ihren Anlagen und Interessen, zum anderen mit ihren Sinnen und Neigungen. Auf diese Weise ist die Basis für ein optimales Lernen geschaffen.

Wie bereits eingangs erwähnt ist es unser Anspruch Situationen anzubieten, die als Erfolgserlebnisse für die Schüler verbucht werden können. Die Wertschätzung gegenüber den Schülern und auch der gezeigten Leistungen wird in folgenden Beispielen spürbar.

Aus diesen Gründen bieten wir unseren Schülern im sportlichen und musischen Bereich eine Reihe von Angeboten:

- **Neigungsgruppen Theater / Chor / Orff**

Diese stehen nicht nur den Schülern der Ganztagsklassen offen. Es ist erstaunlich, wie hier Kinder, die im unterrichtlichen Leistungsbereich wenige Erfolgserlebnisse verbuchen können bei Auftritten auf Schulfesten ihre Begabungen in diesem Bereich zeigen.

- **Zusätzliche Sportstunden**
  Aus dem zusätzlichen Stundenpool für Ganztagsklassen, wird eine Unterrichtseinheit für zusätzlichen Sport verwendet.

- In Zusammenarbeit mit unserem externen Partner, bieten wir den Kindern der Ganztagsklasse weitere Möglichkeiten, dazu zählen weitere musikalische Betätigungsfelder, wie ein

- **zusätzliches Musikangebot**

  durch die Einrichtung einer Bläsergruppe, Percussion-Gruppe oder Musikgruppe je nach unseren aktuellen Möglichkeiten.

- **Kunstprojekte**
  Beispielsweise wurden alte Schultische, die auf dem Müll gelandet wären, von einer Schülergruppe bearbeitet und aufgepeppt. Diese können jetzt als „Spieltische" verwendet werden.

Ein weiteres Beispiel ist die Gestaltung von Stifthaltern aus Pappmaschee.

- **Brettspiele**

  Nach unserem Eindruck wird im Zeitalter der Computerspiele nicht mehr persönlich miteinander gespielt. Wir bieten eine Neigungsgruppe an, in der Brettspiele erlernt und miteinander gespielt werden.

Unser Pausenhof, der in die Jahre gekommen ist und mittlerweile leider ungepflegt aussieht, wird durch Klassenprojekte aufgewertet.

- **Projekt Schulteich**

Dazu gehört auch ein Schulteich, der einige Jahre vernachlässigt wurde, wurde von einer Schülergruppe wieder hergerichtet und zu neuem Leben erweckt. Er ist mit der selbstgestalteten Sitzgruppe ein Blickfang im Pau-

senhof. Zaunköpfe wurden im Projekt Kunst gestaltet.

- **Projekt Turnhallenwand**

Das war ebenso ein gelungenes Projekt, den Pausenhofes ansprechender zu gestalten. Die Schüler strichen zunächst die Wand neu und bemalten sie anschließend mit Sportmotiven.

- **Projekt Boulderwand**

Die triste Stützmauer der Aula wurde zunächst mit einem farbigen Anstrich versehen, der Boden mit Prallschutzmatten ausgelegt und Sitzgelegenheiten geschaffen. Um die Klettergriffe anschaffen zu können, warb die Klasse auf dem Schulfest Paten. Die Ausführung erfolgte unter der Anleitung eines Schreinermeisters, der aus Mitteln für Praxis an Hauptschulen bezahlt wurde.

- **Projekt Blockhütte**

Das Projekt Blockhütte gab es schon lange bevor wir es auch in die Ganztagsklassen eingebunden haben. Es ist ein Projekt schulbezogener Jugendarbeit in Kooperation zwischen der evangelischen Jugend und unserer Schule. Neben dem Bau der Blockhütte selbst wurde in verschiedenen Projekten der Innenausbau, eine Eckbank, eine Schilfkläranlage, eine Photovoltaikanlage usw. unter der Anleitung von Handwerksmeistern ausgeführt.

4. Weitere Maßnahmen

a) Jahresthemen

aus den letzten Schuljahren sollen ebenfalls zum guten Umgang miteinander beitragen:

- Poppenreuther Schulregeln:
  Einigung auf verbindliche Verhaltensregeln durch alle an der Schule Beteiligten Personen: Eltern, Schüler, Lehrer und Hauspersonal

- Jahresprojekt: „Benimm dich"
  In jeder Klasse wurde ein Projekt zum Thema: „Gutes Benehmen" durchgeführt. Die Projektergebnisse wurden auf dem Schulfest vorgestellt.

- Projekt dieses Schuljahres: Schule ohne Rassismus – Schule mit Courage

b) Ordnungsmaßnahmen

wurden bisher nicht erwähnt, sie stehen auch nicht im Mittelpunkt, lassen sich aber nicht immer vermeiden. Ordnungsmaßnahmen werden auch in der Ganztagsklasse situationsangemessen angewandt, auch bis hin zur Möglichkeit einen Schüler aus dem Klassenverband zu nehmen und in die Regelklasse zu versetzen.

Bildnachweis

Die Quelle des verwendeten Bildmaterials ist privat.
Die Zustimmung der abgebildeten Personen bzw. die Zustimmung der Erziehungsberechtigten eventuell abgebildeter minderjähriger Personen liegt vor.

Zum Autor

Rainer Schatz ist Rektor der Mittelschule Münchberg-Poppenreuth.

Jürgen Findeiß

Arbeit mit schwierigen Schülern

Vorangestelltes

Inhalt wie Titel des Beitrags betreffen jeden Menschen, der an einer Schule arbeitet, Projekte durchführt oder als Eltern Kinder in die Schule schickt und natürlich die Kinder selbst. Die im Verlauf geäußerte Meinung und die Handlungsangebote zur Arbeit mit schwierigen Schülern ist komplett der Praxis an einer Haupt- bzw. Mittelschule der letzten Jahre entnommen.

Wie in anderen Zusammenhängen, so gilt auch für den schulischen Bereich: Es gibt nicht „das" schwierige Kind, sondern junge Menschen, die in Dissonanz / im Ungleichgewicht mit „sich selbst" – ihrem Nahumfeld, dem „System" (z.B. die Schule) leben und als schwächster Teil in diesem Dreieck „agieren" bzw. versuchen „zurechtzukommen" – manchmal in einer Form, die für andere Beteiligte am Prozess „krass" ist.

Dabei stehen die Toleranzen gegenüber „aufgeregten Kindern" im Grundschulbereich auf „hoch", in höheren Jahrgängen bei entsprechender körperlicher Entwicklung und eloquenter Provokanz hingegen bei „niedrig".

Falldiagnose / Klassen-Scan

Die Definition: „schwierig" richtet sich in hohem Maß nach der individuellen Betrachtungsweise des einzelnen Lehrers und wird auch im jeweiligen Kollegium heterogen gebraucht. Gerade deswegen sind Vereinheitlichungen oder Standards der Einstufung als „schwierig" nutzlos.

Im gelebten Alltag sind die tatsächlichen Toleranzen der Lehrkraft, des Klassensystems und der Rahmenbedingungen der jeweiligen Schule die eigentlichen Maßgaben in der Skalierung der Begriffe „schwierig", „anstrengend" oder „problematisch".

Als ein brauchbares Instrument zur Einschätzung der Schüler hat sich ein halbjährlich wiederholter „Klassen-Scan" bewährt. Dieser stellt eine Möglichkeit zur Erfassung von Schülerverhalten dar und wird von Lehrern und Jugendsozialarbeitern durchgeführt oder mit Hilfe einer kollegialen Fallberatung. Dabei werden

a) Episoden- oder dauerhafte Entwicklungen von psychosozialer Relevanz angeschaut,
b) Kooperationen nach Effizienz und Verwirklichung abgefragt,
c) Interventionswerkzeuge und Rahmensetzung mit Zielen und Bedarfslagen abgeglichen.

Schwieriges Verhalten kann phasenweise oder dauerhaft auftreten. Grafisch lässt sich dies als Kurve im Hinblick auf die Intensität und des zeitlichen Verlaufs darstellen. Das nicht akzeptable Gebaren eines Heranwachsenden kann aber bereits als probates Instrument, um sich gegen das System oder das Umfeld aufzulehnen, Anwendung finden.

Die Bandbreite der Verhaltensauffälligkeiten von Kindern ist weitgefasst. Sie sind dabei im Einzelnen zu still, laut, zappelig, autoaggressiv, mediensüchtig, oppositionell und überfordert. Dieses auffällige Verhalten ist unterschiedlich begründet. Motive dafür können im familiären Umfeld liegen, sei es durch Armut, Krankheit, Trennung der Eltern oder Umzug.

Die Wechselwirkung zwischen Verhaltensauffälligkeit und schwierigen sozialen Verhältnissen ist augenscheinlich.

Das, „was geht" – Case-Management, Arbeitsbündnisse und die Normalität

So stellt sich ab diesem Punkt die einfach Frage nach den Grenzen. Das bedeutet ein weiteres Werkzeug im Umgang mit Kindern mit erhöhtem Handlungsbedarf steht dem Lehrenden zur Verfügung. Abgesehen von der eigenen Rahmensetzung im Kontext persönlicher Einschätzung und Toleranz. Die Einflüsse des Verhaltens auf den Klassenverband und sich ergebender negativer Entwicklungen dürfen auch nicht außer Acht gelassen oder sogar unterschätzt werden.

Die Möglichkeit den Prozess zur Rückführung auf ein positives Verhalten muss sichergestellt und unterstützt werden. Daraus ergibt sich – abhängig nach Häufung und Intensität von Störungen des Sozialverhaltens – zwischen den Professionen (Lehrer, Eltern, Erziehungsbeistand, Schulpsychologe, JaS etc.) zwangsläufig die Notwendigkeit „barrierefrei" miteinander zu kommunizieren. Ferner muss darüber hinaus noch dem Postulat des Handelns Rechnung getragen werden. Oftmals wird der Wille bekundet, doch bleibt in der Arbeitswirklichkeit dies durch Verbote und berufliche Eitelkeiten leider unberücksichtigt. Dabei besteht für alle an der Erziehung Beteiligten die Notwendigkeit.

Herangehensweisen

- Definieren Sie in Kooperation mit den Eltern (Arbeitsbündnis) einen Bedarf und Zielfelder.

- Strukturieren und organisieren Sie sich mit nützlichen Akteuren (Case-Management).

- Denken Sie sozialräumlich (Ressourcen der Handlungsfelder vor Ort oder extern).

- Seien Sie aber auch so egoistisch, Verantwortlichkeiten dort zu lassen, wo sie hingehören.

Jenseits der „Aktion" zeigt sich immer wieder die Nützlichkeit und Kraft der Normalität des Schulalltags für „schwierige" Schüler.

Ersichtlich wird dies in längeren Beobachtungssequenzen. So hart das auch manchmal ist: die heilende Struktur von „Normalität" – dazu gehört auch das unaufgeregte Aussprechen von Auszeiten – ist in seiner Wirksamkeit höher als die immer wieder auf „das Thema" hinweisende Intervention. Aber: Schule ist keine **therapeutische** Einrichtung.

Das Ende der Schulzeit ist nicht das Ende der Welt. **Neue Rahmen** geben Sinn. Besonders gegen Ende der Schulpflicht verkrampfen sich die Anstrengungen im Umgang mit „schwierigen" Schülern oft. Übrig bleiben Erinnerungen, die das Misslingen des Endes, nicht aber das Gelingen bis zum Zeitpunkt dokumentieren.

Struktur und Beziehung – Hinweise für den Alltag

Zur notwendigen Versachlichung im Umgang mit „schwierigen" Schülern tragen bei:

a) Gesetze wie §31 der BayEUG oder entsprechende Abschnitte des KJHG helfen da, wo Arbeitsbündnisse mit Eltern(teilen) nicht funktionieren.

b) Nicht „entweder/oder" von Sanktion und Angebot, sondern ein „sowohl als auch" als Arbeitsprinzip im Handling und Hilfe zur Widerspiegelung für „nicht ok" und „ok"-Verhalten helfen Schülern zu lernen, dass „Mensch" im Beziehungssystem verbleibt – auch wenn es Stress gab.

c) Ausgehandelte Deals sind ok und können als verborgene Botschaft verbesserte Beziehung signalisieren, können aber auch ungute Systeme stützen und kontraproduktiv werden.

d) Die Vermeidung von zwanghaften Einsprechungen („Ich muss...") schützt Beteiligte vor Blockaden im Handeln.

e) Der flexible Gebrauch direktiver und non direktiver Sprachstile transportiert in der Wahrnehmung die korrespondierende Dialektik von Struktur und Beziehung. Die Schüler erfahren, dass ihr negatives Verhalten Konsequenzen hat, aber nicht die Person an sich in Frage stellt.

f) Vermeiden Sie Beziehungsfallen oder Verstrickungen mit „schwierigen" Schülern, in ungute Verläufe münden, z. B. mittels kollegialen oder externen Feedbacks.

g) Somit hilft die Entwicklung von Strategien, wie Sie unnützes und negatives „Karussellfahren" – also den dauerhaften Einsatz ineffizienter Mittel in der Arbeit mit „schwierigen" Schülern – vermeiden können.

Generell ist die Alltagssicherheit der handelnden Akteure und eine klare Haltung wichtiger in der Arbeit mit „schwierigen" Schülern als eingekaufte Projekte – und Voraussetzung für gute selbst durchgeführte Projekte.

Trotzdem gibt es eine Vielzahl selbst entwickelter Ideen der Klassenleitung und zu Hilfe genommener zielführender Projekte, die explizit ohne Schulbeteiligung laufen sollen.

Projekte

Im Zusammenhang von Klassendynamiken, aber auch vermehrtem Auftreten benennbarer Vorfälle wie Drogenkonsum, Gewalt gegen Menschen und Sachen in schulischen Zusammenhängen etc., werden oft am Bedarf orientierte Projekte eingekauft.

Das entlastet positiv die Lehrkraft, die wirklich „nicht alles nicht klären muss" und nimmt den Problemfokus vom Klassengeschehen.

In der Praxis gelungene Ideen und Kooperationen an einer Haupt-/Mittelschule, die mit „schwierigen" Schülern zu guten Ergebnissen führten und selbst entwickelt wurden, waren:

- Eine von ehemaligen Schülern durchgeführte Quali-/Bewerbungsvorbereitung Schülern, die von den Anbietern der ARGE etc. nicht erreicht wurden und keinen „Bock auf Bewerben" hatten.

- Ein realitätsnahes „Schrauber-Projekt" für als „schwierig" (körperliche Übergriffe, Sachbeschädigung) eingestufte Jungs der 9. Klasse in Zusammenarbeit mit einer Kfz-Werkstatt. Dabei wurde ein schrottreifer Wagen in einen TÜV-Zustand versetzt. Im Anschluss daran wurde das Auto verkauft und den Erlös bekamen die Jungs.

- Die „It´s a man's world" – Talkshow über das Verhältnis von Jungs aus dem Stadtteil, die viel Zeit „auf der Straße verbringen", mit der Polizei plus angeschlossener Outdoor-Aktion mit der Polizei mit dem Ziel der Verbesserung des Umgangs im Konfliktfall.

Ferner:

„Ich will da bleiben, wo ich bin" – Fortbildungen für Lehrerkräfte zum Thema „weiblicher Ort Schule" im Rahmen der Arbeit mit jungentypischem Verhalten im schulischen, von Regeln und Aushandlung geprägten Kontext.

„Beichtstuhl": Sanktionsfreies Mitteilen von Verhalten oder Lebensumständen mit Strategieentwicklungen der Veränderung.

Resilienztraining für Kinder mit wenig „Abwehrwerkzeug" und Opfer oftmaliger Beleidigungen bzw. körperlicher Misshandlung zur Stärkung ihrer „Abwehrkräfte".

Konfrontative Ansätze bei Nationalismen, Passivität im Schulalltag und in einer festen Kleingruppe.

Robuste Mediation bei Auseinandersetzungen, die auf verschiedenen Ebenen stattfinden, z. B. zwischen Mitschülerinnen und Mitschülern oder in der Eltern-Kind Beziehung.

Körperorientiertes Konflikttraining – „was geht", „was nicht geht" – bei körperlichen Auseinandersetzungen mit einer Kleingruppe. Daneben haben sich natürlich auf dem „freien Markt" sehr gut passende Formen der sozialen Gruppenarbeit, von Theater- und Erlebnisprojekten gebildet.

Zum Autor

Jürgen Findeiß ist Diplompädagoge und diplomierter Sozialpädagoge (FH).

Barbara Baur-Huther Katja Köhler, Lorenz Weiß
Lernwerkstatt Mittelschule Strullendorf

Sinn und Nutzungsmöglichkeiten

Gemeinsam mit allen Sinnen lernen – individuell fördern und fordern ist unsere Devise!
Bildung braucht:
- *Lern*-Räume: Gelegenheiten zur Erprobung und Aneignung, zum Experimentieren, zum Selbermachen, zum Phantasieren und zum Geschichten erzählen.
- *Erfahrungs*-Räume: Möglichkeiten in denen sich Kinder und Jugendliche in verschiedensten Sozialformen Lehrplaninhalte aneignen, sich die Welt erschließen und lernend ihr Verhalten reflektieren.

Die Lernwerkstatt Mittelschule Strullendorf möchte solch ein Ort sein.

Die besonderen Bedingungen des Ganztagszuges verlangen eine intensive Verknüpfung von Bildung, Erziehung und Betreuung. In diesem Zusammenhang wird eine bessere Förderung jedes einzelnen Lernenden angestrebt. Werkstattarbeit ist mehr als ein einzelner Raum mit Lehr- und Lernmaterialien. Langfristig wirkt sich diese Form des Lernens unweigerlich auf den gewöhnlichen Unterricht aus.

Der Schwerpunkt der Lernwerkstattarbeit liegt in ausgewählten Teilbereichen der Fächer Mathematik und Deutsch.

„Lernen mit allen Sinnen" ist das grundlegende am Konzept der Lernwerkstatt und das Montessori-Prinzip „Mit Kopf, Herz und Hand" findet hier seine Umsetzung. Doch die Lernwerkstatt Strullendorf erhebt nicht den Anspruch das pädagogische Bildungskonzept von Maria Montessori vollends zu erfüllen.

Viele Lernmaterialien wurden in Eigenregie entwickelt und erstellt. Ebenso findet die Forderung Maria Montessoris keine strenge Anwendung, nach der jedes Material nur einmal vorkommen darf.
Unser Konzept bietet folgende Möglichkeiten der Nutzung:
- Aufbau von Lerninseln, bei denen Materialien pädagogisch abgestimmt auf Tischen zur Beschäftigung einladen,
- Lernzirkelsystem,
- Konkrete Nutzung bei Differenzierung, Individualisierung, sowie individueller Förderung oder angeleiteter Förderung in Kleingruppen,
- Freiarbeit nach dem klassischen Prinzip Montessoris.

Letzteres bedarf aber einer sorgfältigen Schulung und Einweisung der Schülerinnen und Schüler. Hierbei sollte der hohe zeitliche und, bei beträchtlicher Gruppengröße, der organisatorische Aufwand bedacht werden um einer Demotivation seitens der Schülerschaft und auch der Lehrer keinen Vorschub zu leisten.
Der Leitsatz muss lauten:
Schülerinnen und Schüler durch geeignetes Lernmaterial und geschickte Anleitung so zu ermuntern, Lernchancen zu nutzen und somit einen Lernzuwachs zu erfahren!

Diese Kompetenzen werden bei den Kindern und Jugendlichen angebahnt:
- Selbstständigkeit
- Selbstorganisation
- Selbstvertrauen

- eigenverantwortliches Arbeiten
- aufgabenorientiertes Arbeiten
- Lernstrategien einsetzen
- soziales Miteinander

Arbeitsweise der Kinder und Jugendlichen

Die Schülerinnen und Schüler

- tragen Verantwortung für das gewählte Lernarrangement.
- dokumentieren und reflektieren ihre „Lernspuren".
- arbeiten allein, mit dem Partner oder in kleinen Gruppen.
- haben Zeit für ein selbstständiges Untersuchen von Problemfeldern.
- sammeln gezielt Informationen und werten diese aus.

Arbeitsweise der Lehrer
Die Lehrkräfte:
- begleiten und beobachten den Lernprozess der Kinder und beraten diese.
- fördern und fordern gezielt die Leistungen der einzelnen Kinder.
- nehmen sich zurück.

Arbeitsweise in einer Lernwerkstatt

- die Kinder können ihren eigenen Bedürfnissen gemäß (Lerndauer, -tempo und -weg) sich Fähigkeiten und Fertigkeiten aneignen.
- dem Konzept der individuellen Förderung wird Rechnung getragen.
- eine unterstützende Umgebung wird eingeräumt, in der die Lernmaterialien zur selbstständigen Auseinandersetzung bereitstellt sind.
- Schwächen werden abgebaut und Stärken intensiviert
- die Kinder werden in ihrem Lernen von der Lehrkraft beraten.
- personale und soziale Kompetenzen wie Team- und Kommunikationsfähigkeit werden gefördert.

Real auftretende Probleme

Eine generell existierende Schwierigkeit ist, ältere Kollegen für diese Art der Wissensvermittlung und -aneignung zu gewinnen. Rentabel wird das Vorhaben Lernwerkstatt aber nur, wenn es von einer Vielzahl genutzt wird. Wir versuchen diese Aufgabe zu bewältigen, indem nach der geleisteten Aufbauarbeit, nun gemeinsame „Bastelstunden" angeboten werden. Eine Teilnahme des Kollegiums ist obligatorisch. Berührungsängste werden somit abgebaut und durch die Erstellung von Lernmaterial entsteht ein Interessensausgleich, da die unterrichtliche Nutzung jedem offen steht.

Wir haben inzwischen unsere Lernwerkstatt auf den Grundschulbereich ausgedehnt und hier besonders im Bereich des Zahlenaufbaus und Geometrie Material angeschafft.

Ein konkretes Beispiel zur Vorgehensweise

Abbildung:
Beispiel für selbstentwickeltes Material (Flächenberechnung)

Ein Beispiel zur Nutzung einer Lernwerkstatt

Inselaufbau am Beispiel „Flächen"
- Insel 1: Fühlen – Zuordnung von Flächen, Abzählen der Kanten und Ecken
- Insel 2: Abdrücke – Flächenabdrücke im Sand, Umfahren von Umrissen, Zeichnen von Bildern aus verschiedenen Flächen, Zusammenstellen von Figuren aus Flächen an der Magnettafel
- Insel 3: Bauernhofspiel – Flächenberechnung von der konkreten Abzähltaktik zur abstrakten Berechnungskenntnis
- Insel 4: Spiegeln von Flächen – Übungen zur Spiegelung, Spiegelbilder herstellen, Spiegelachsen finden
- Insel 5: Flächen an Körpern – fühlen, erkennen, zuordnen, zählen, Netze finden durch Abrollen und Umrisse zeichnen
- Insel 6: Flächen herstellen – aus Geometriebaukastenmaterialien anschließend Flächen abzeichnen, benennen und einteilen.

Natürlich können noch andere Inseln vorbereitet werden. Der Phantasie sind da keine Grenzen gesetzt. Wichtig ist, die grundlegenden Fähigkeiten (wie bei Insel 1-3) beständig zu schulen. Viele Schülerinnen und Schüler brauchen diese tätige Beschäftigung und man sollte sie nicht verfrüht zu schwierigeren Bereichen führen, da sonst das Gelernte nicht verinnerlicht wird.

Folgende Möglichkeiten stehen nun beim Besuch der Lernwerkstatt mit einer Klasse offen:
- die Schülerinnen und Schüler wählen nach *kurzer* Erklärung der Vorgehensweise ihre „Insel" und beschäftigen sich einzeln oder in selbstgewählten Gruppen. Die Bearbeitungsdauer wird nicht vorgeschrieben.
- die Lehrkraft teilt die Klasse nach individuellem Könnensstand zu und gibt auch einen zeitlichen Rahmen vor.
- die Lehrkraft nutzt die Aktivität der Arbeitenden, um einzelne konkret in Teilbereichen zu fördern (wichtig bei konzentrationsschwachen Schülerinnen und Schülern).

Zu Beginn erfolgt mittels Sitzkreis die Einstimmung auf die geforderte Arbeitsweise und das erwartete Verhalten der Lernenden. Von essenzieller Bedeutung ist die gemeinsame Reflexion nach Beendigung der Arbeitsphase. Hierbei wird jedem Schüler und jeder Schülerin der jeweilige Lernfortschritt gewahr und es ergibt sich die Gelegenheit auftretende Schwierigkeiten zu benennen.
Um zu gewährleisten, dass jedes Lernangebot mit der gleichen Intensität durchdrungen wird, muss den Arbeitenden die Chance gegeben werden sich oftmals damit auseinanderzusetzen. Auf diesem Wege erreicht man ein hohes Maß an Lernbereitschaft und Interesse.
Ein zu rasches Vorgehen wirkt sich kontraproduktiv aus!
Der schriftlichen Fixierung von Inhalten wird ein geringer Stellenwert beigemessen. Es ist zwar möglich die Reflexion mittels eines „Werkstatt-Tagebuchs" zu dokumentieren und angefertigte Materialien seitens der Schülerschaft abheften zu lassen, aber es besteht hierzu keine Notwendigkeit.
Wir wünschen viel Mut und Kreativität beim Einrichten einer Lernwerkstatt und Erfolg sowie Spaß bei der Benutzung!

Bildnachweis

Die Quelle des verwendeten Bildmaterials ist privat.
Die Zustimmung der abgebildeten Personen bzw. die Zustimmung der Erziehungsberechtigten eventuell abgebildeter minderjähriger Personen liegt vor.

Zu den Autoren

Barbara Baur-Huther ist stellvertretende Schulleiterin der Volksschule Strullendorf.

Katja Köhler ist Lehrerin an der Volksschule Strullendorf.

Lorenz Weiß ist Lehrer an der Volksschule Strullendorf.

Karin Thiem

Leseförderung in der Ganztagsschule

„Eine Reise in die Welt des LESENS"

> Wer zu lesen versteht, besitzt den Schlüssel zu großen Taten, zu unerträumten Möglichkeiten.
>
> (Aldous Huxley)

1. Grundlegendes – oder warum Lesen schlau macht

LESEN -
ist wichtig für das Denken und Lernen, für die individuelle Entwicklung und für eine kompetente Nutzung des Medienangebots.

Vor allem der Deutschunterricht hat die wichtige Aufgabe, Schülerinnen und Schülern Gelegenheit zum Lesen zu bieten, motivierende Leseangebote zu machen und Arbeitsmethoden für eine intensive Auseinandersetzung mit dem Gelesenen zu vermitteln. (vgl. Lehrplan)

Die Lesekompetenz ist eine Schlüsselqualifikation:

- Deshalb ist es sinnvoll, Kinder so früh wie möglich an Bücher heranzuführen!

- Wer gut lesen kann, hat es leichter im Leben!

- Denn Lesen ist ein Schlüssel, der viele Türe öffnet.

- Lesen macht reich!

Ein Stück weit können wir unsere Schüler begleiten, doch letztendlich muss jeder seinen „Schatz" selbst finden...

Wie können wir die Lust am Lesen bei unserer Schülerschaft wecken?

- indem wir in der Schule eine phantasievolle Leseatmosphäre schaffen

- Leseprojekte durchführen

- Lesetagebücher gestalten

- Lese-Clubs einrichten

- Lesepatenschaften pflegen

- Hörbücher einsetzen

2. Wesentliche Ziele einer Lese-Ecke

1. Sie soll die Lesemotivation stärken und die Freude am Lesen vermitteln.

2. Sie soll das unterrichtliche Lernen unterstützen.

3. Sie soll die Medienkompetenz fördern.

3. Klassenzimmergestaltung – einmal ganz anders

Ihre Schüler werden begeistert sein...

a.) Traumland

- Erzählstuhl für den Morgenkreis
- Vorlesestuhl für Geschichten
- Präsentation selbstverfasster Texte
- Vorlesestuhl für Oma / Opa

b.) Gespenster- / Gruselecke

- Lesenacht
- Halloween / Fasching...
- Leseschmöker-Stunde

c.) Lese-Aquarium

- Anreiz für Leseanfänger
- Vorstellung neuer Bücher
- Partner-Lesen

d.) Mobiles Leseregal

- Themenbezogene Sachbücher für HSU
- Knobelaufgaben-Suchrätsel

e.) Lesekönig

- Lieblingsbücher vorstellen
- Buchbesprechung
- Vorlesewettbewerb

f.) Lesefenster

- Kurzkrimis
- Detektivgeschichten
- Wochenrätsel lösen

4. Möglichkeiten der unterrichtlichen Umsetzung

a.) Lesetagebuch / Lesekartei

- Für langsame und unsichere Leser kann diese individuelle Lernform eine mentale „Entlastung" sein.
- Mit Hilfe eines Lesetagebuches findet die individuelle

Lesegeschwindigkeit und die unterschiedlichen Interessen der Schüler Berücksichtigung.

- Die Wahlfreiheit und Eigenverantwortung im Lernprozess fördern die Motivation und das Selbstvertrauen der Kinder.

b.) Zusammenarbeit mit der Bücherei vor Ort

- wöchentlicher Besuch der Bücherei (45 min.)
- gut sortiertes Bücherangebot
- z. B. „Kurzstreckenleser" vom Schroedel-Verlag

c.) Lesepatenschaften

- für lesemotivierte Schüler (leseschwache als auch lesestarke Schüler)
- besonders gut geeignet zur Förderung und Integration von Schülern mit Migrationshintergrund
- Lesegruppe von acht Schülern aus der 6. Klasse mit ihren Lesepaten aus der 2. Klasse
- einmal wöchentlich ca. 30 min.
- Führen eines Lesetagebuches
- Schüler helfen Schülern

d.) Lese – Clubs

- für Schüler der Klassen zwei bis sechs
- Lese-Clubs können als AG angeboten werden
- Lese- und Sprachförderung
- Soziale Integration und Toleranz
- Verbesserung der Sozialkompetenz

Für Kinder, die im Elternhaus wenig Förderung erfahren, kann der Club auch einen sozialen Freiraum für die persönliche Entwicklung schaffen.

Genaue Vorgehensweise:

- Mitglieder für den Club gewinnen
- Basteln eines Club-Ausweises
- Schüler bei der Einrichtung und Gestaltung des Raumes einbeziehen
- Gemeinsame Aktionen (z. B. Weihnachten, Ostern, etc.)

Aufgaben im Club zu übernehmen, stärkt das Selbstbewusstsein, fördert die Integration und die Sozialkompetenz der Schüler.

Aus diesen Gründen wurden zu Beginn der 80er Jahre die ersten Leseclubs in Deutschland vor allem dort eingerichtet, wo Kinder und Jugendliche aus sogenannten „sozialen Brennpunkten" angesprochen werden sollten.

e.) Einsatz von Hörbüchern

Vorteile des Hörbuches:

- Entlastung vom „schweren" Lesen
- jeder Schüler hört das ganze Buch – Zusammenhang!
- durch Musik, Geräusche usw. wirkt es spannender und attraktiver
- Betonung des Sprechers verdeutlicht Aussagen
- unterschiedliche Sprecher – Schüler hören, welche Person spricht

f.) Der neue Spaß am LESEN...

RAP – Projekte (Schroedel-Verlag):

- Rap trifft Klassiker (Balladen einmal anders)
- Rap trifft Moderne (Gedichte einmal anders)
- Goethe & Schiller (ein interaktives Rap-Hörbuch)
- Die Poetry–Slam–Expedition: Bas Böttcher (Dichterwettstreit)
- Modulare Förderung Lesen (Westermann Verlag)
- Individuell fördern (Klett Verlag)

*„Die guten Leutchen wissen nicht, was es für Zeit und Mühe kostet,
um Lesen zu lernen. Ich habe 80 Jahre dafür gebraucht und kann auch
jetzt nicht sagen, dass ich am Ziel wäre."*

J. W. v. Goethe

Ich wünsche Ihnen viel Freude und Erfolg beim Ausprobieren der vorgestellten Möglichkeiten!

Literatur

Kreibich, H. (2008): Einrichtungsempfehlungen und Projektideen zur Förderung der Lese- und Medienkompetenz. In: Lese-und Medienecken – Stiftung Lesen, Mainz, S.1-40.

Bildnachweis

Die Quelle des verwendeten Bildmaterials ist privat.
Die Zustimmung der abgebildeten Personen bzw. die Zustimmung der Erziehungsberechtigten eventuell abgebildeter minderjähriger Personen liegt vor.

Zur Autorin

Karin Thiem ist Förderlehrerin und Mitarbeiterin im Arbeitskreis für Leseförderung in Oberfranken.

Peter Claßen, Ingeborg Hoffmann, Matthias Luther

Ganztag – Mehr Zeit für mehr –

Zeit für Bläserklassen an der Mittelschule Hammelburg

Die Mittelschule Hammelburg

Hammelburg ist die älteste Weinstadt Frankens und liegt an der Fränkischen Saale im Landkreis Bad Kissingen. Die Mittelschule befindet sich im Zentrum der Stadt, in der zusammen mit den umliegenden Stadtteilen ca. 12.000 Einwohner leben.

Unsere Mittelschule besuchen derzeit 290 Schülerinnen und Schüler, die von 31 Lehrkräften unterrichtet werden. Neben fünf Regelklassen gibt es einen Mittlere-Reife-Zug und einen ausgebauten gebundenen Ganztagszug. Seit dem Schuljahr 2009 / 10 tragen wir – als einzige Schule in Unterfranken und als eine von sieben Mittelschulen in Bayern – mit Stolz die Bezeichnung „Mittelschule mit Schwerpunkt Musik". In Hammelburg und den umliegenden Ortsteilen sind verschiedene Musikvereine angesiedelt, die zum Teil über einen gemeinsamen Förderverein den Instrumentalunterricht für ihren Nachwuchs organisiert haben. Außerdem ist Hammelburg der Sitz der Bayerischen Musikakademie, mit der wir eine gute Zusammenarbeit pflegen.

Mit dem Schuljahr 2011/12 starteten wir an unserer Schule – ebenfalls als einzige Schule in Unterfranken – den dreistufigen Modellversuch zur Kooperation mit der Wirtschaftsschule Bad Neustadt, beginnend mit einer achten Jahrgangsstufe.

Vorarbeitsphase für die Einrichtung von Bläserklassen

Der Impuls eine Bläserklasse an unserer Schule einzurichten kam zunächst von der Stadtkapelle Hammelburg und wurde von der Schulleitung interessiert aufgenommen und intensiv vorbereitet. Die Stadtkapelle zog sich aber aus der Kooperation heraus und gründete unter ihrem Verein eine eigene Bläserklasse.

Schulleitung und Musiklehrer machten sich an die weiteren Vorplanungen.
Dabei entschied man, einen Teil der zusätzlichen Stunden im Ganztag zu nutzen, um den Bläserklassenunterricht unterbringen zu können. Außerdem sollten die Bläserklassen das Ganztagsprofil schärfen und der Rhythmisierung des Ganztagsunterrichts dienen. Um allen Schülerinnen und Schülern die Vorteile der Bläserklasse nahezubringen, wurde festgelegt, dass alle Kinder, die in die fünfte Ganztagesklasse eintreten auch sofort ein Blasinstrument erlernen müssen bzw. dürfen. Somit sind unsere Ganztagsklassen gleichzeitig auch Bläserklassen.

Nach intensiven Bemühungen konnten wir Dank der finanziellen Unterstützung von Sponsoren für 8 500 Euro eine Erstausstattung an Blech- und Holzblasinstrumenten anschaffen, die den Schülerinnen und Schülern als Leihinstrumente kostenfrei zur Verfügung gestellt werden. Ein örtlicher Musikhändler unterstützte uns beim Instrumentenkauf, ebenso bei notwendigen Reparaturen.

Herr Claßen, ein sehr erfahrener Musiklehrer, der zuvor im Verbund mit den benachbarten weiterführenden Schulen (Realschule und Gymnasium) bereits eine schulartübergreifende Big Band geleitet hatte, übernahm nun die Verantwortung für die musikalische Leitung der ersten Bläserklasse. Zudem gelang es uns zur Unterstützung der neuen Aufgabe einen Diplom-Musikpädagogen zu engagieren, der mit staatlichen Ganztagsgeldern finanziert wurde. Als Methode wurden die „Essential Elements" von Yamaha gewählt. Somit war der Start der ersten Bläserklasse für das Schuljahr 2006/2007 gesichert.
Die Bläserklasse war zunächst auf zwei Jahre begrenzt angedacht. Jedoch fand das Konzept bei allen Beteiligten so großen Zuspruch, dass wir dies über die 6. Jahrgangsstufe hinaus weiterführten und mittlerweile an unserer Schule vier Bläserklassen (5aG, 6aG, 7aG und eine gekoppelte Gruppe 8aG / 9aG) existieren. Der Bläserklassenunterricht ist in der fünften und sechsten Jahrgangsstufe verpflichtend, ab der siebten Jahrgangsstufe wird er als Wahlfach-Unterricht angeboten.

Was ist eine Bläserklasse?

An der Mittelschule Hammelburg erhalten die Schülerinnen und Schüler der Bläserklassen neben dem regulären Musikunterricht zusätzlich zwei Schulstunden, die aus den zwölf Zusatzstunden für Ganztagsklassen rekrutiert werden. Hiermit wird dem Motto der Schule gefolgt: *„Ganztag – Zeit für mehr"*.

Außerdem kommen wir unserem Anspruch nach, dass im Ganztag der Mittelschule Hammelburg die Schülerschaft in ihrer Ganzheit gesehen und gefördert werden sollen. Sie erlernen das Spielen eines Orchesterblasinstruments: Querflöte, Klarinette, Saxophon, Trompete, Posaune, Tenorhorn, Euphonium oder Tuba. Wichtige Voraussetzung ist die wirksame Verteilung des Klangregisters, was aber auf Grund der pädagogischen Leistung der Musiklehrer problemlos erfolgt. Schnell ist die Neugierde der Kinder geweckt und sie freuen sich auf ihr eigenes Instrument.

Eine mögliche Bläserklasse könnte wie folgt besetzt sein:

Holzbläser	*Blechbläser*
Querflöten (3)	Trompeten (4)
Klarinetten (4)	Posaunen (4)
Altsaxophone (4)	Tenorhorn(3)
	Euphonium (2)
	Tuba (1)

Bläserklassenunterricht – ein Gewinn für die Schülerinnen und Schüler

Mit unserem Modell ist die musikalische Ausbildung mit einem Blasinstrument auch für Schüler möglich, deren Eltern sich dies aus finanziellen Gründen selbst nicht leisten könnten. Somit wird sozial schwächeren Schichten die Teilhabe am Kulturgut Instrumentenspiel durch das kostenlose Erlernen eines Orchesterinstruments eröffnet. Hinzu kommt, dass auch später die Musikvereine durch ein breiteres Nachwuchsangebot an Bläsern bereichert werden können. Dabei ist der Bläserklassenunterricht so angelegt, dass auch alle anderen Bereiche des Musikunterrichts mit erlernt werden. Grundlegend wird die musikalische Notation vermittelt, sowie die Musikliteratur der verschiedenen Epochen und Richtungen.

Durch das Musizieren in einer Bläserklasse werden aber auch allgemeine Fähigkeiten vertieft. In den Ganztagsklassen sind in der Regel mehr Schülerinnen und Schüler, die unter ADHS leiden. Ungeachtet dessen lässt sich feststellen, dass aufgrund der Notwendigkeit des Querhörens während des gemeinsamen Spielens die Aufmerksamkeitsspannen signifikant verlängert werden konnten. Dies ist vor allem der erhöhten Motivation, ein gelungenes Musikspiel vorzuführen, geschuldet. Der reguläre Unterricht profitiert von diesen positiven Auswirkungen zusätzlich.

Weitere Kompetenzen, die unserer Erfahrung nach angebahnt werden, sind Ausdauer, Disziplin und vor allem Teamfähigkeit. Die Kinder lernen den respektvollen Umgang miteinander und erfahren auch die negativen Konsequenzen bei einem Vernachlässigen der Übungen eines Gruppenmitgliedes. Hinzu kommt, dass durch das Erlernen eines Blasinstruments Grundlagen für eine sinnvolle Freizeitgestaltung gelegt werden. Außerdem lernen sie Verantwortung zu übernehmen, z.B. den fachgerechten Umgang mit ihrem Leihinstrument. Enge Zusammenarbeit zwischen Musiklehrern und Klassenlehrer der Ganztagsklasse sind unabdingbar und fördern diese Entwicklungen. Das gemeinsame Auftreten, schon nach wenigen Übungswochen, fördert das Selbstvertrauen der Kinder, auch durch die Anerkennung der Eltern.

Vorteile des Bläserklassenunterrichts für die Schule

Zum einen gestaltet die Schule mittels der Bläserklasse ein zusätzliches Lernangebot, welches als ein weiterer Baustein einer ganzheitlichen Erziehung gesehen werden kann und das Ganztagsangebot bereichert. Zum anderen verändert die intensive Beschäftigung mit dem Fach Musik als besonderer Bildungsschwerpunkt das Schulprofil. Der Einsatz an unserer Schule hat dazu geführt, dass wir in Unterfranken als einzige Mittelschule mit Musikschwerpunkt gelten. Wir unterscheiden uns dadurch von konkurrierenden Einrichtungen. Die Bläserklassen sind das Aushängeschild unserer Schule. So werden unsere Bläserklassen zu verschiedenen Gelegenheiten bereits gebucht, z.B. bei der Eröffnung der Unterfränkischen Lesewoche im Rossini-Saal in Bad Kissingen oder bei einem Benefizkonzert, organisiert durch den Lions Club Saaletal.

Das positive Lernklima führt in den Bläserklassen dazu, dass Schülerinnen und Schüler, Eltern und Lehrer sich wohler fühlen und sich in höherem Maße mit ihrer Schule identifizieren. Unterstützt wird dies dadurch, dass auch die Eltern intensiver mit einbezogen werden, indem sie zu verschiedenen Konzerten an der Schule eingeladen werden. Schon wenige Wochen nach Beginn des Unterrichts in der neuen Bläserklasse können die Eltern bei unserem alljährlichen Adventskonzert erleben, dass ihre Kinder erste Weihnachtslieder in ihrem Repertoire haben. Jeden Sommer laden wir zu unserem „Musik an einem Sommerabend" ein. Auch bei einigen Klassen-Elternabenden werden Übungsfortschritte durch kleine Auftritte den Eltern verdeutlicht. Mit Bläserklassen T-Shirts, deren Logos von den Kindern selbst im Kunstunterricht gemeinsam entworfen werden, wird das Gemeinschaftsgefühl gestärkt und nach außen getragen. Jede Bläserklasse darf sich natürlich ihre eigene Farbe aussuchen! Die T-Shirts werden u.a. auch bei der Gestaltung von Schulgottesdiensten getragen. Unser Abschlussgottesdienst am Ende des Schuljahres ist bei entsprechender Witterung ein Freiluft-Gottesdienst, bei dem eine der Bläserklassen der Schule die musikalische Gestaltung übernimmt.

Der vielfältige Einsatz der Bläserklassen als Schulorchester wird nicht nur bei der Entlassungsfeier der neunten und zehnten Klassen deutlich, sondern auch bei anderen Festlichkeiten der Schulfamilie.

Unterricht in der Bläserklasse – Vorteile für die Eltern

Eltern von Schülerinnen und Schülern, die ihr Kind in einer Bläserklasse angemeldet haben, können bei den verschiedenen Auftritten ihrer Kinder stolz auf sie sein. Angesichts der kostenlosen Nutzung der Instrumente, muss von den Eltern weder der Instrumentalunterricht organisiert noch finanziert werden. Im ländlichen Bereich entfallen aufwändige Fahrten zum Unterrichtsort. Die Kinder können unter fachkundiger Anleitung ein Musikinstrument ausprobieren und erlernen. Ferner erscheint das Umlernen eines Instruments unkompliziert, da Leihinstrumente benutzt werden. Der Beitritt in existierende Musikvereine ist leichter möglich, so dass eine Basis zu einer sinnvollen Freizeitgestaltung weit über die Schulzeit hinaus geschaffen werden kann.

Enge Zusammenarbeit mit Klassenleitung im Ganztag sehr hilfreich

Die positiven Effekte einer Bläserklasse werden durch eine intensive Zusammenarbeit zwischen Bläserklassenleiter und Klassenleitung massiv verstärkt. Der Klassenlehrer ist bei erforderlichen Elternkontakten unterstützend tätig. So sind bei erzieherischen Problemen auch gemeinsame Sprechstunden von Musiklehrer und Klassenlehrer hilfreich. Der Klassenlehrer deckt hierbei eine Vielzahl an Aufgaben ab: Er plant das musikalische Lernen in seiner Organisation der Studierzeit mit ein und kalkuliert diese, vor allem für das Wochenende. Er informiert durch wöchentliche Elternbriefe rund um den Unterricht in der Bläserklasse und stellt so nachhaltigen Kontakt mit den Eltern her. Ferner führt er einen Elternabend zur Vorstellung der Bläserklasse durch. Den Aufwand des Transportes der Instrumente entlastet der Klassenlehrer, indem er mit den Eltern die Termine des häuslichen Übens vereinbart. , Alternativübungen oder Gespräche fängt er bei eventuellem Nichtvorhandensein des Instrumentes ab. Aber auch für die Gestaltung des Unterrichtsalltags oder bei Projekten hat diese enge Zusammenarbeit zwischen Bläser- und Klassenleitung immense Vorteile. So können die Schüler bei der selbstständigen Planung und Durchführung einer Klassenfeier unterwiesen werden. Die positive Außenwirkung der Schule wird bei unserem Projekt „Übergänge erleichtern" deutlich. Es werden die vierten Klassen der benachbarten Grundschulen eingeladen und u.a. musikalisch durch die Bläserklasse empfangen. Dies geschieht selbständig und zeigt die Begeisterung der Jugendlichen beim Musizieren. Auch zukünftige Realschüler und Gymnasiasten erleben, dass auch unsere Mittelschüler leistungswillig und -fähig sind.

Fächerübergreifender Unterricht bereichert.

Im Schuljahr 2010/11 übernahm die damalige Klasse 6aG mit ihrem Klassenlehrer Herrn Luther die Aufgabe am Vorlesetag den zweiten Klassen der Grundschule das „Märchen vom  Fischer und seiner Frau" vorzulesen, nachdem es im Unterricht erarbeitet worden war. Die Jungen lasen alle gemeinsam die Rolle des Fischers, die Mädchen die der Fischerfrau und alle gemeinsam die des Fisches. Für die sechs Szenen in diesem Märchen wurden verschiedene kompetente Leser als Erzähler zum Vortragen eingeteilt. Schließlich wurden die farblichen Veränderungen des Meeres auf die verschiedenen Anfragen des Fischers durch große Bilder veranschaulicht, die im Kunstunterricht in Gruppenarbeiten erstellt worden waren. So sollte das Märchen mit Austausch der entsprechenden Bilder für die Grundschüler illustriert werden, indem das jeweils passende Bild an die Tafel geheftet wurde.

Im gleichen Schuljahr wurde das Projekt „Schweinfurter Komponisten zum Anfassen" aus der Taufe gehoben, bei dem Komponisten Stücke verfassten, die  sich an den Bedürfnissen und der Leistungsfähigkeit der jeweiligen Schüler orientierten. Die beteiligten Projektpartner waren die TKV Schweinfurt/Main-Rhön gemeinsam mit der Bayerischen Musikakademie Hammelburg.

In diesem Zusammenhang wurde auch die Idee entwickelt das Lesemärchen vom „Fischer und seiner Frau" musikalisch zu gestalten. Prof. Karl Haus übernahm gerne diese Aufgabe und besuchte mehrmals die Bläserklasse 6aG während ihrer Proben. Dabei stand die Analyse des musikalischen Leistungsstandes der Schülerinnen und Schüler im Mittelpunkt aber auch die individuelle Beratung bei der Umsetzung der Kompositionen. Ergänzend kam der Schulchor bei diesem Ereignis zum Einsatz. Das Märchen selbst wurde in dieser neuen Fassung von einer Schülerin, die separat darauf vorbereitet worden war, nun komplett von dieser vorgelesen, unterbrochen von musikalischen Stücken für Chor und Bläserklasse an den Schlüsselstellen. Die Bilder, die zu dem Märchen im Kunstunterricht entstanden waren, wurden in eine unterstützende Power-Point-Präsentation eingebunden. Im Juni 2011 fand schließlich die Uraufführung in der Musikakademie Hammelburg statt, weitere Auftritte folgten in der Stadtbücherei und in der Grundschule am Mönchsturm.

Unterricht in einer Bläserklasse aus der Sicht der Wissenschaft

Wissenschaftlich untersucht wurde die Wirkung von verstärktem Musikunterricht in der Grundschule mit einer Langzeitstudie von Hans Günther Bastian, die – ähnlich anderer Studien – davon ausgeht, dass eine möglichst frühe aktive Auseinandersetzung mit Musik nachhaltige Auswirkungen auf die Gehirnentwicklung hat. (Dr. W. Stadelmann (2005) Musik und Gehirn, In: Press Schriftenreihe FHA Pädagogik, S.6/7).

Folgende Wirkungen werden hier im Einzelnen genannt:

- „eine signifikante Verbesserung der sozialen Kompetenz
- eine Steigerung der Lern- und Leistungsmotivation
- einen Intelligenz-Zugewinn
- eine Kompensation von Konzentrationsschwächen
- eine Förderung musikalischer Leistung und Kreativität

- eine Verbesserung der emotionalen Befindlichkeit
- eine Reduzierung von Angsterleben
- überdurchschnittlich gute schulische Leistungen trotz zeitlicher Mehrbelastungen durch den Musikunterricht."

Diese Auswirkungen decken sich zum Teil mit unseren Erfahrungen des Instrumentalunterrichts an unserer Schule. So zeigt sich sehr schnell eine Verbesserung der Sozialkompetenz. Schüler, die eine Bläserklasse besuchen, organisieren sich selbst leichter – Konzentrationsschwächen werden minimiert oder sind beim Instrumentenspiel oft gänzlich verschwunden.

Literatur

Dr. W. Stadelmann (2005): Musik und Gehirn, In: Press Schriftenreihe FHA Pädagogik

Bildnachweis

Die Quelle des verwendeten Bildmaterials ist privat.
Die Zustimmung der abgebildeten Personen bzw. die Zustimmung der Erziehungsberechtigten eventuell abgebildeter minderjähriger Personen liegt vor.

Zu den Autoren

Peter Claßen ist Musiklehrer an der Mittelschule Hammelburg.

Ingeborg Hoffmann ist Rektorin an der Mittelschule Hammelburg.

Matthias Luther ist Klassenlehrer im Ganztag an der Mittelschule Hammelburg.

Abschnitt IV:

Kooperation mit externen Partnern

Claus Binder

Kooperation mit externen Partnern – Chancen und Grenzen

Schulen mit gebundenen Ganztagsklassen erhalten pro Klasse zusätzlich zur herkömmlichen Stundenzuweisung 12 Lehrerwochenstunden und Finanzmittel in Höhe von 6.000 € zur Deckung des weiteren Personalaufwandes bei der ganztägigen Beschulung. Je nach Schulkonzept und örtlicher Ausstattung werden von diesem Geld externe Mitarbeiter engagiert, die beispielsweise in der Mittagszeit Aufsicht führen, die Freizeit gestalten, Lernzeiten unterstützen, Arbeitsgemeinschaften anbieten oder Kurse gestalten. Als Faustformel zur Kalkulation geht man davon aus, dass pro Ganztagsklasse für 6.000 € etwa sechs Wochenstunden (60 min) erworben werden können.

Umsetzung an der Mittelschule Soldnerstraße im Schuljahr 2011/12
Das externe Personal wird an der Mittelschule Soldnerstraße derzeit so eingesetzt:
- 18 h in der Mittagszeit (13 – 14 Uhr): Aufsicht in Mensa, Turnhalle, Außengelände, Freizeitraum, Ruheraum, Bibliothek
- 30 h in Lernzeiten: Wochenplanarbeit, Freie Stillarbeit, Differenzierung
- 20 h in Arbeitsgemeinschaften und Kursen

Die Arbeitszeit der externen Mitarbeiter an der Soldnerschule ist vor allem deshalb so umfangreich, weil eine günstige FSJlerin (Freiwilliges Soziales Jahr) dabei ist. Da diese Mitarbeiterin in Vollzeit (38,5 Stunden) zur Verfügung steht, konnten anstatt den zu erwartenden 48 Stunden (8 Klassen mit je 6.000 €) insgesamt 68 Wochenstunden erwirtschaftet werden.

Vertragswesen
Da Schulen keine Verträge abschließen können, muss bei Vertragsabschluss in allen Fällen die jeweilige Bezirksregierung zwischengeschaltet werden. Je nach anzustellender Person oder Institution wird eine geeignete Vertragsform gewählt. Im Wesentlichen kommen drei Vertragsformen in Frage:

a) Kooperationsverträge
Diese Verträge werden nicht mit einzelnen Personen, sondern mit einem freien gemeinnützigen externen Trägern, z. B. einer Musikschule oder einem Sportverein, geschlossen. Diese Träger stellen dann das nach dem pädagogischen Konzept der Schule benötigte Personal zur Verfügung und sorgen bei Erkrankung oder Nichteignung für Ersatz. Der Träger erhält eine vorab festgelegt Pauschalvergütung und erledigt seine Arbeitgeberpflichten. Das eingesetzte Personal steht in keinem Rechtsverhältnis zum Freistaat Bayern, muss aber dennoch vor Einsatzbeginn ein erweitertes polizeiliches Führungszeugnis vorlegen.

b) Arbeitsverträge nach dem Tarifvertrag der Länder (TV-L):
Außerunterrichtliches Personal, das nicht über einen Kooperationsvertrag angestellt werden kann, wird im Rahmen von individuellen befristeten Arbeitsverträgen nach dem Tarifvertrag für den öffentlichen Dienst der Länder (kurz: TV-L-Verträge) beschäftigt. Hieraus ergibt sich eine Lohnsteuerabzugspflicht, die Sozialversicherungspflicht, ein Anspruch auf Jahressonderzahlung, betriebliche Altersversorgung und Erholungsurlaub. Je nach Ausbildung werden die Beschäftigten durch die Regierung in die entsprechenden Entgeltgruppen eingruppiert. So befindet sich eine Mutter ohne einschlägige Ausbildung in Entgeltgruppe 5, ein Handwerksmeister in Entgeltgruppe 8 oder ein Dipl. Sozialpädagoge in Entgeltgruppe 10. Zwar sind die Verträge immer befristet (in der Regel von 01.10. bis 31.07.), eine mehrjährige Zusammenarbeit ist aber dennoch möglich, da der Befristungsgrund durch das Kultusministerium vorgegeben ist.

c) Kurzfristige Verträge:
Solche Verträge sind für Arbeitnehmer geeignet, die an weniger als 50 Tagen im Kalenderjahr beschäftigt werden, also einen Tag pro Schulwoche. Da diese Verträge unter der 400-€-Grenze liegen, sind sie sozialversicherungsfrei und können von den Schulleitern abgeschlossen werden. Die erforderlichen Unterlagen werden dann an die Regierung und das Landesamt für Finanzen weitergeleitet.

Mehrere Einzelverträge oder großer Kooperationspartner?
Schulen, die mit gebundenen Ganztagsklassen starten, stehen vor Beginn vor der Entscheidung, mit welchen Partnern sie mindestens für ein Schuljahr kooperieren (wollen). Mittlerweile hat sich der Markt der Bildungsanbieter auf die allgemeinbildenden Schulen eingestellt und diese können aus einem vielfältigen Angebot auswählen.
Je nach geographischer Lage bieten GFI, Kolping, AWO, Diakonisches Werk, Caritas, DLRG, BRK, Johanniter, Malteser und andere Träger fertige oder offene Konzepte für Ganztagsschulen an.
Die Schulen schließen je nach Klassenzahl und verfügbarem Etat einen Kooperationsvertrag mit dem jeweiligen Träger ab und dieser erbringt dann die Leistungen, die gesondert vereinbart wurden. Die Personalverwaltung, der Einsatz der Mitarbeiter, der Krankheitsersatz oder das Abrechnungswesen obliegt gänzlich dem Träger und die Schulen haben einen relativ geringen Verwaltungsaufwand. Auf der anderen Seite müssen diese Leistungen natürlich durch den Pauschalbetrag abgedeckt werden und schmälern das Volumen an zur Verfügung stehenden Stunden. Da die Träger mehrheitlich in einem Wettbewerb stehen und gegenseitig ihre Angebote nach unten drücken, können sie in der Regel nur zum Teil ausgebildetes Fachpersonal wie Erzieher oder Sozialpädagogen einsetzen und müssen oft auf angelerntes Personal zurückgreifen. Dies führt zu schwankenden Leistungen der Mitarbeiter und in der Folge zu einem relativ häufigen Personalwechsel. Externe Mitarbeiter haben so manchmal eher das Selbstverständnis eines Dienstleisters als das eines Mitgliedes der Schulfamilie.

Schulen, die schon seit mehreren Jahren gebundene Ganztagsklassen haben, konnten in ihrer Startphase nicht auf fertige Konzepte zurückgreifen. Sie haben in der Regel über ihr örtliches Netzwerk und die Nachbarschaft Kontakte zu Institutionen und Einzelpersonen geknüpft. So gibt es an der Schule des Autors seit Jahren Kooperationen zu diversen Vereinen im sportlichen und musischen Bereich und mehrere Einzelpersonen sind fester Bestandteil der Mitarbeiterschaft geworden. Das individuelle Abschließen von mehreren Kooperations- und TV-L-Verträgen ermöglicht eine passgenaue Auswahl. Durch die langjährige (allerdings immer wieder befristete!) Bindung an die Schule werden aus Externen Interne, die sich bestens mit den lokalen Gegebenheiten, Ansprechpartnern oder Schulregeln auskennen. Die enge Anbindung an Institutionen im Schulumfeld ist für die Integration äußerst wertvoll und ist auch für beispielsweise Sportvereine eine tolle Möglichkeit Nachwuchs zu generieren.

Leider ist für Einzelpersonen im Krankheitsfall kein Ersatz vorgesehen und die Schulen müssen ähnlich vorgehen, wie bei erkrankten Lehrkräften: Zusammenlegungen oder Mehrarbeit für die anderen.

Problematisch ist bei einem Vertragsmix trotz aller Vorteile vor allem aber der hohe Organisations- und Verwaltungsaufwand, mit dem sich die Schulen konfrontiert sehen. Je nach Schulgröße müsste dafür eigentlich – so wie in anderen Ländern auch – ein Schulmanager angestellt werden.

Chancen und Grenzen
Externe Mitarbeiter sind keine Lehrer und manchmal auch keine Pädagogen. Sie werden deshalb immer anders mit den Schülern umgehen als die Profis für Unterricht und schulische Erziehung. Wenn Konflikte oder Probleme auftreten, bleibt es meist Sache der Lehrer, Lösungen zu finden. Vor allem pädagogische Anfänger und Laien sind mit der Institution Schule und all ihren Abläufen überfordert.

Externe Mitarbeiter kommen von Außen und bringen frischen Wind in die Schule. Manchmal können dies sogar neue Impulse für die Schulentwicklung sein:

externe Mitarbeiter gestalten im musischen Bereich das Schulleben mit, sie ermöglichen erlebnispädagogische Erfahrungen, sie zeigen alternative Hobbys, kurzum sie machen Schule vielfältiger.

Da externe Mitarbeiter für gebundene Ganztagsschulen verpflichtend sind, gilt es die Chancen zu nutzen und im Grenzbereich nach Hilfestellungen und Erleichterungen zu suchen.

Zum Autor

Claus Binder ist Konrektor an der Mittelschule Soldnerstraße in Fürth.

Claudia Kreutzer

Qualitätsmerkmale schulbezogener Jugendarbeit

aufgezeigt an den aus dem Fachprogramm des Bayerischen Jugendrings geförderten Projekte

Der Bayerische Jugendring nimmt als Zusammenschluss der Jugendverbände deren gemeinsame Interessen wahr und ist gleichzeitig als Körperschaft des öffentlichen Rechts in erheblichem Umfang mit öffentlichen Aufgaben beauftragt. Durch Rechtsverordnung wurden dem Bayerischen Jugendring seit 1993 für den Bereich der Jugendarbeit förmlich alle wesentliche Aufgaben des überörtlichen Trägers (Landesjugendamtes) nach § 85 Abs.2 SGB VIII übertragen.
Seit 2003 (Modellprojekt J.a.m.b.u.s.) beschäftigt sich der BJR mit der Aufgabe Jugendverbände, Jugendringe, Kommunale Jugendarbeit, Gemeindejugendarbeit, Jugendtreffs und Jugendbildungsstätten zu unterstützen in der Zusammenarbeit mit Schule das Arbeitsfeld *schulbezogene Jugendarbeit (§ 11 SGB VIII)* auszubauen und weiterzuentwickeln.
Im Juni 2007 wurde die Rahmenvereinbarung „Zusammenarbeit zwischen Jugendarbeit und Schule" zwischen dem Bayerischen Jugendring und dem Bayerischen Staatsministerium für Unterricht und Kultus geschlossen, als wichtiges Signal, dass der Freistaat Bayern die Jugendarbeit in ihrer ganzen Vielfalt an Trägern als Bildungspartner von Schulen anerkennt.

1. Jugendarbeit ist Bildungsarbeit und bildet eine wertvolle Ergänzung zu formalen Bildungsprozessen

Der Bildungsbegriff der Jugendarbeit geht über reine Wissensvermittlung deutlich hinaus. Jugendarbeit nimmt den ganzen Menschen in den Blick. Bildung ist somit immer Persönlichkeitsbildung, die die Entfaltung aller geistigen, seelischen und körperlichen Kräfte zum Ziel hat. Jugendarbeit knüpft an den Interessen und Lebenswelten von Kindern und Jugendlichen an. Junge Menschen engagieren sich in der Jugendarbeit ehrenamtlich und freiwillig, organisieren Veranstaltungen und tragen Verantwortung. Schulbezogene Jugendarbeit ist ein wertvolles Ergänzungsangebot zum schulischen Lernen. Die Angebote im Bereich des informellen (Lernen in ungeplanten Prozessen, die sich im Alltag von Familie, Nachbarschaft und Freizeit ergeben) und nichtformellen Lernens (organisiert, aber freiwillig mit Angebotscharakter) erweitern das Schulprofil. In der Jugendarbeit wird selbstorganisiertes, lebensweltnahes, soziales und politisches Lernen ermöglicht sowie informelle Bildung mit nichtformeller Bildung verbunden.

2. Der Bayerische Jugendring unterstützt die Zusammenarbeit von Jugendarbeit und Schule mit der finanziellen Förderung von Einzelnahmen und Projekten welche:

1) die Förderung der allgemeinen Persönlichkeitsentwicklung von Schülerinnen und Schülern und hierbei die Vermittlung sozialen Lernens sowie die Vermittlung von Orientierungen für die individuelle Lebensführung in den Mittelpunkt stellen.
2) Klassensprecher und Klassensprecherinnen sowie andere Mitglieder der SMV für ihre Aufgaben befähigen.
3) SJR/KJR/BezJR zur Koordination bedarfsgerechter Angebote schulbezogener Jugendarbeit durchführen.

3. Qualitätsmerkmale schulbezogener Jugendarbeit

3.1 Formale Kriterien
- Projektkonzeption wird von beteiligten Kooperationspartnern gemeinsam erstellt
- Zusammenarbeit beruht auf schriftlicher Kooperationsvereinbarung
- Pro 20 TeilnehmerInnen eine Referentin oder ein Referenten

3.2 Inhaltliche Kriterien: Prinzipien und Inhalte
Das Maß der Umsetzung der Prinzipien und Inhalte der Jugendarbeit in den schulbezogenen Angeboten ist ein Indikator ihrer Qualität.

3.2.1 Prinzipien
Die Zusammenarbeit mit Schule ist ein eigenes Feld für die Jugendarbeit, in dem sie sich neu positioniert. Jugendarbeit unterscheidet sich von Schule in einigenden grundlegenden Prinzipien: wie Partizipation, Ehrenamtlichkeit und Freiwilligkeit. Gerade das macht eine Zusammenarbeit attraktiv und ergänzend.

3.2.1.1 Partizipation
In der Jugendarbeit werden Themen gemeinsam mit den Jugendlichen entwickelt und bearbeitet. Die selbständige Organisation von Bildungsangeboten lernen Kinder und Jugendliche ihre Lebenswelt mit zu gestalten. Jugendverbände und offene Einrichtungen der Jugendarbeit schaffen dazu Lernanregungen und Gelegenheiten. Das wesentliche Kennzeichen der Jugendarbeit ist die Beteiligung der Jugendlichen in der Vorbereitung, Planung und Durchführung der Maßnahmen und Projekte. Auch in der schulbezogenen Jugendarbeit ist dies ein grundlegendes Prinzip aller Maßnahmen auch von Streitschlichterausbildungen und Tutorenschulungen.

> *Projekt:* SchOK-Schülerorganisation Kaufbeuern
> *Träger:* Stadtjugendring Kaufbeuren
> *Zielgruppe:* Schülerinnen und Schüler aller weiterführenden Schulen in Kaufbeuren
> *Beschreibung:* Vertretung der Interessen der Kaufbeurer Jugendlichen, die Vernetzung der Jugendlichen untereinander verbessern und Vorurteile abbauen. Durch eine schulübergreifende Schülervertretung soll erreicht werden, dass auch größere Anliegen aller Jugendlichen umgesetzt werden können und die Anliegen in der Vollversammlung des SJR vorgebracht und somit leichter erreicht werden können.
> Das Demokratieinteresse der Jugendlichen soll gefördert und unterstützt werden.

3.2.1.2 Übernahme von Verantwortung

Kinder und Jugendliche werden in der Jugendarbeit in ihren individuellen Fähigkeiten gefördert und gefordert. Sie erkennen ihre eigenen Interessen und übernehmen dafür Verantwortung. in Gremien und gegenüber hauptberuflichen Fachkräften.

Im Rahmen der Zusammenarbeit mit Schule kann dieses Prinzip z.B. bedeuten, dass Schülerinnen und Schüler ihre Schule neu gestalten und als Lebensraum entdecken. Sie übernehmen z.B. in Projekten Verantwortung für jüngere Schülerinnen und Schüler (Tutorate, Mentorentätigkeit, Sportübungsleiterinnen und Sportübungsleiter), sie gestalten Schulräume um (Garten-AG, Schülercafé, Treffpunkte oder Ruheinseln), sie engagieren sich im Rahmen der SMV oder in Schulforen. Jugendarbeit unterstützt und begleitet die Schülerinnen und Schüler hierbei aktiv.

> *Projekt:* Girl Scouts at School – Leben und Lernen mit allen Sinnen
> *Träger:* Pfadfinderinnenschaft St. Georg, Landesstelle Bayern
> *Zielgruppe:* Schülerinnen im Alter von ca. 7 bis 18 Jahren: Kinder als Teilnehmerinnen an den Gruppenstunden, Jugendliche als Leiterinnen
> *Beschreibung:* In diesem Projekt lernen die Schülerinnen alles, um eigenverantwortlich eine Gruppe – zunächst an ihrer Schule – leiten zu können. Dazu werden pro Woche, je nach Schule,

zwei bis vier Gruppennachmittage mit PSG-spezifischen Inhalten für 20-50 Mädchen pro Schule angeboten. Die Schülerinnen werden zu PSG - Gruppenleiterinnen ausgebildet. Außerdem finden Tutorinnen-, Mediatorinnen- und Unterrichtsprojekte statt.

3.2.1.3 Freiwilligkeit
In der Jugendarbeit gilt das Prinzip der Freiwilligkeit. Jugendliche entscheiden sich selbständig für die Teilnahme an Veranstaltungen und den Besuch von Einrichtungen der Jugendarbeit. Sie entscheiden über den Grad der eigenen Aktivität im Rahmen von Maßnahmen und Projekten. Im schulischen Kontext lässt sich dieses Prinzip nicht immer verwirklichen, aber durch die Wahlmöglichkeit verschiedener parallel laufender Angebote annährend erreichen oder in freiwilligen AG´s z.B. der Jugendverbände, die am Nachmittag angeboten werden.

> *Projekt:* Verbändekarussell
> *Träger:* Kreisjugendring Nürnberger Land
> *Zielgruppe:* Schülerinnen und Schüler der beteiligten Schulen
> *Beschreibung:* Der KJR koordiniert und organisiert die Einsätze der verschiedenen Verbände an den Schulen.
> In 25 Kalenderwochen werden ein Komma fünf- stündige bzw. zwei Schulstunden dauernde Angebote der Verbände pro Woche angeboten. Die Jugendlichen melden sich im Vorfeld an. Die Angebote sind inhaltlich sehr unterschiedlich und finden auch an außerschulischen Orten statt.

3.2.1.4 Rolle der Fachkräfte

Die Rolle der Fachkräfte in der schulbezogene Jugendarbeit unterscheidet sich stark von der Rolle der Lehrkräften oder Jugendsozialarbeiter und Jugendsozialarbeiterinnen an Schulen. Fachkräfte in der Jugendarbeit sehen sich auf Augenhöhe mit Kindern und Jugendlichen. Sie regen Bildungs- und Lernprozesse an, sie gestalten die Lernumgebung, sie beraten und begleiten Jugendliche in diesen Lernwelten und in ihrer Entwicklung. Die Jugendlichen übernehmen selbst Verantwortung für ihre eigenen Bildungsprozesse und agieren in der Lernumgebung weitgehend selbständig.

> *Projekt:* Juze macht Schule
> *Träger:* Stadt Gersthofen – Jugendzentrum/Jugendpflege
> *Zielgruppe:* alle Schultypen außer Grundschule
> *Beschreibung:* Offener Treff 1x/Wo. 2 Stunden am Nachmittag im Schülercafé der Mittesschule
> wöchentliche Angebote: Offener Treff, Billard, Kicker, Spiele und Spielekonsolen, Tischtennis
> bis zu 12 Workshops im Jahr (Kreativ, Sport, Musik, soziale Kompetenzen)

3.2.1.5 Ehrenamt

In Maßnahmen und Projekte der schulbezogenen Jugendarbeit arbeiten nicht nur hauptberuflich Mitarbeiter und Mitarbeiterinnen. In vielen Fällen ist Jugendarbeit ehrenamtlich organisiert.

Auch in der Zusammenarbeit mit Schule engagieren sich ehrenamtliche Mitarbeiter und Mitarbeiterinnen; sofern das zeitlich möglich ist. Sie bringen aufgrund ihrer eigenen Jugendarbeitsgeschichte vielfache verbandsspezifische Qualifikationen mit. Schülerinnen und Schüler erhalten die Möglichkeit selber Engagementerfahrungen zu machen.

Projekt: Youngagement
Träger: Stadtjugendring Regensburg und Freiwilligen Agentur Regensburg
Zielgruppe: Schülerinnen und Schüler der 8. und 9. Klassen
Beschreibung: Die Schülerinnen und Schüler wählen ihren Einsatz bei „Youngagement" im Rahmen eines Wahlfachs, Projekts oder einer Arbeitsgruppe.
Durchschnittlich zwei Schulstunden in der Woche verbringen die Schülerinnen und Schüler in der freiwillig gewählten Einrichtung. Die Themen der Einsatzstellen variieren von Sport, Seniorenarbeit, Kinder und Jugendliche, Multikulti und Tiere bis Technik (THW). Zusätzlich findet ein begleitender Unterricht statt.
Die Schülerinnen und Schüler werden dabei von Mentoren der Freiwilligen Agentur betreut, das heißt, die Mentoren sind Ansprechpartnerinnen und Ansprechpartner bei Problemen, geben Hilfestellung und Anregungen.
Die Schülerinnen und Schüler führen ein Zeitkonto, können einen Teil der Stunden auch im Block einbringen, es gibt keinen starren, für alle gleichen Zeitplan. Am Ende des Schuljahres wird die Teilnahme an Youngagement im Zeugnis vermerkt und die Schülerinnen und Schüler erhalten einen ausführlichen Kompetenznachweis.
Ein wichtiger Unterschied zum Praktikum ist: die Schülerinnen und Schüler kommen als Lernende und Ausprobierende über ein ganzes Schuljahr hinweg in die Einsatzstellen und nicht in erster Linie als kurzfristige Weisungsempfänger mit spezieller beruflicher Perspektive.

3.2.1.6 Alltagsbildung

Die Vermittlung von lebenspraktischen Kompetenzen ist ein weiterer wichtiger Bildungsinhalt der Jugendarbeit. Bei der Vorbereitung, Organisation und Durchführung von Veranstaltungen und Projekten lernen Jugendliche Alltagsaufgaben zu erledigen, wie z.b. den Einkauf von Lebensmitteln, die Essenszubereitung für eine größere Gruppe oder auch das Lesen eines Fahrplans für die Planung der Reiseroute - wichtige Fähigkeiten für die eigene Alltagspraxis.

Projekt: Finanzführerschein
Träger: Stadtjugendring Rosenheim
Zielgruppe: alle Schultypen außer Grundschule
Beschreibung: Seminare zur Vermittlung von alltagstauglichem Verbraucherwissen, persönliche Auseinandersetzung mit den Themen Geld und Schulden.

3.2.2 Inhalte
3.2.2.1 Soziales Lernen

Jugendarbeit findet in Gruppen statt. Die Jugendlichen lernen in Klein- und Großgruppen wichtige soziale Kompetenzen wie z.B. Konfliktfähigkeit, Kommunikation- und Kooperationsfähigkeit.

„Die Schülerinnen und Schüler haben die Maßnahmen durchweg sehr positiv bewertet. Besonders hervorgehoben wurde, dass die Klassengemeinschaft spürbar besser geworden ist, weil die komplette Woche daran gearbeitet wurde. Dies konnte auch von außen beobachtet werden, weil sich stets ein positiver Trend in der Zusammenarbeit innerhalb der Gruppe zeigte. Außerdem gaben die Schülerinnen und Schüler an, viel über die richtige Zusammenarbeit mit anderen gelernt zu haben – die Thematik „Konflikte richtig lösen" wurde auch sehr positiv bewertet. *[*32] Projekt: "Gemeinsam sind wir stark", Jugendbildungsstätte Waldmünchen der KAB&CAJ GmbH

---

*Die Zitate basieren auf den Sachberichten der Maßnahmen des Fachprogramms "Schulbezogene Jugendarbeit", gefördert aus Mitteln des Kinder- und Jugendprogramms der Bayerischen Staatsregierung. Bildnachweis: Streitschlichterseminar der Pfadfinderinnenschaft St. Georg, Landesverband Bayern.

Qualitätsmerkmale schulbezogener Jugendarbeit | 241

3.2.2.2 Persönlichkeitsentwicklung
Kinder und Jugendliche und ihre Interessen stehen im Mittelpunkt der Maßnahmen und Projekte.
Die Angebote der schulbezogenen Jugendarbeit ermöglichen eine Auseinandersetzung der Schülerinnen und Schüler mit sich selbst, ihren Stärken und persönlichen Lebenszielen. Sie lernen Standpunkte zu finden und diese zu vertreten. Eine Feedbackkultur und das Einüben von Handlungskompetenzen unterstützen sie dabei.
„Der Erfolg des Sportfestes trug sehr zum Selbstbewusstsein und zur Motivation der Jugendlichen bei. Ihr Engagement für dieses Vorhaben war der Schlüssel für aktive Beteiligung der Jugendlichen in der Schule insgesamt, so wurde auch die interkulturelle Verständigung an der Schule verbessert." *
Projekt: AKTIV, Jugendinitiative Kultur-Mosaik e.V.

3.2.2.3 Orientierung für die individuelle Lebensführung
Jugendarbeit bietet Jugendlichen Unterstützung bei der Bewältigung mit dem Heranwachsen verbundener Entwicklungsaufgaben. So sind z.B. Seminare zur Berufsorientierung ein hilfreiches Angebot für die Lebensplanung in einer Gesellschaft mit immer schneller wachsenden Anforderungen.
**„Der Wochenrückblick ergab ein durchaus positives Bild. Insgesamt wurden die Inhalte des Seminars als sehr nützlich für den eigenen Lebensweg benannt."*
Projekt: Lebensorientierung, BDKJ Diözesanverband Bamberg

3.2.2.4 Zusammenarbeit gestalten
Jugendarbeit und Schule sind sehr unterschiedliche Systeme, so dass für eine gute Zusammenarbeit zunächst eine gemeinsame Basis geschaffen werden muss. Im Vorfeld der Kooperation ist die Konzeptentwicklung und die Schließung einer Vereinbarung für die Form der Zusammenarbeit wichtig für das Gelingen der gemeinsamen Arbeit. Unterschiedliche Akteure mit unterschiedlichen Berufsidentitäten erfordern das Abstimmen gemeinsamer Ziele und Arbeitsweisen.

In der Jugendarbeit sind viele Ehrenamtliche aktiv, um Kindern und Jugendlichen Werte zu vermitteln, Anregungen zur Freizeitgestaltung und Orientierung in der Lebensführung anzubieten. Kinder und Jugendliche erhalten die Möglichkeit selbst ehrenamtlich tätig zu werden und Gesellschaft mit zu gestalten. Um die Arbeit der Ehrenamtlichen zu unterstützen sind Rahmenbedingungen im schulischen Kontext wie geeignete Räumlichkeiten und die reibungslose Organisation der Veranstaltungen als Anerkennung ihres Engagements notwendig.

Ansprechpartner für schulbezogene Jugendarbeit sind die Jugendringe, Jugendverbände, Kommunale Jugendarbeit, Einrichtungen der offenen Jugendarbeit und Jugendbildungsstätten.
Einige Jugendringe wie der KJR Aschaffenburg koordinieren innerhalb eines Kooperationsprojektes mit beteiligten Schulen die Angebote der örtlichen Jugendverbände.

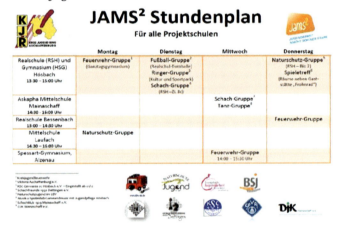

Bildnachweis

Die Quelle des verwendeten Bildmaterials ist privat.
Die Zustimmung der abgebildeten Personen bzw. die Zustimmung der Erziehungsberechtigten eventuell abgebildeter minderjähriger Personen liegt vor.

Zur Autorin

Claudia Kreutzer ist Projektmitarbeiterin für schulbezogene Jugendarbeit im BJR.

Renate Ahlmer, Ingrid Haunschild

Veränderte Unterrichtskultur – Kooperation mit externen Partnern

Frau Ingrid Haunschild, leitet die Grundschule Nittendorf und unterrichtet zusammen mit Frau Renate Ahlmer, der Klassenlehrerin der Klasse 4g, als Tandem-Lehrerin in den Ganztagsklassen an unserer Schule.
Wir freuen uns, dass wir Ihnen heute einen Einblick darüber geben dürfen, wie eine Kooperation mit externen Partnern die Unterrichtskultur in der Ganztagsklasse positiv beeinflussen kann.
Das sind wir:

Wir unterrichten an der dreizügigen Grundschule Nittendorf, in der Nähe von Regensburg. Im Schuljahr 2010/1011 wurde den Eltern zum ersten Mal die Möglichkeit angeboten, ihre Kinder neben zwei regulären dritten Klassen auch für eine Ganztagsklasse anzumelden, in der insgesamt 24 Schülerinnen und Schüler unterrichtet werden. Im Schuljahr 2011/12 startete eine weitere dritte Klasse im Ganztagsmodell und im kommenden September 2012 nun beginnt auch eine erste Klasse in dem bereits erprobten Ganztagsmodus.

Wie finden wir unsere externen Partner?
- Eignung: „Experten" in ihren Bereichen
- Verlässlichkeit: „Draht" und Zugang zu Kindern haben
- Persönliches Ansprechen von geeigneten Personen
- Künstler aus dem Gemeindebereich
- Jäger/Förster
- Pensionierte Lehrkräfte
- Externe Partner gehen auf die Schule zu
- Eltern, die auf die Schule zukommen

Bei der Wahl unserer externen Partner legen wir Wert darauf, dass diese „Experten" in ihren Bereichen sind und deshalb den Schülern Wissen aus verschiedenen, spannenden Wissens- und Interessengebieten vermitteln können.

Darüber hinaus müssen unsere Kooperationspartner natürlich zuverlässig sein und einen „Draht" zu den Kindern haben, sie sollen offen und aufgeschlossen auf diese zugehen, gerne mit ihnen arbeiten und dabei ihre Erfahrung und ihr Wissen weitergeben.

Während der gesamten Planung und Organisation zum Einsatz unserer externen Partner in den jeweiligen Ganztagsklassen sind wir persönlich auf verschiedene Personen zugegangen, die wir für unser Schulprojekt gewinnen wollten: Zum einen waren dies beispielsweise Mütter, die nach der Erziehungszeit ihr Studium, ihre Arbeit in einer pädagogischen Einrichtung nicht mehr aufgenommen haben oder sich nun aktiv in der Gemeinde oder Kirche betätigten. Außerdem haben wir einen Künstler, der in der Gemeinde Nittendorf lebt und bereits mit einer wunderschönen Mosaikarbeit unseren Trinkbrunnen im Schulhaus kreativ gestaltet hat, gebeten, sich mit seinen zahlreichen Ideen auch in den Ganztagsklassen in Form eines Projekts einzubringen.

Jäger oder Förster aus der Umgebung bereichern mit ihrem eigenen Erfahrungsumfeld das Wissen der Schülerschaft, indem sie ihr „vor Ort" den Wald mit seinen vielfältigen Lebensgemeinschaften näher bringen.

Aber auch einige Lehrkräfte, die bereits ihren wohlverdienten Ruhestand genießen, lassen es sich nicht nehmen, auf ehrenamtlicher Basis ihr Wissen und ihre langjährigen Erfahrungen zu unterschiedlichen Themen, wie etwa Musik und Instrumentalunterricht, für ein bis zwei Stunden in der Woche an die Schulkinder weiterzugeben.

Aber umgekehrt gehen auch externe Partner gerne auf uns zu, weil sie sich in den Ganztagsklassen tatkräftig einbringen wollen: Eine Schülermutter aus England, deren drei Kinder bereits in früheren Jahren an unserer Schule unterrichtet wurden und die jetzt zeitweise im Kindergarten tätig ist, hat angeboten, den Kindern der ersten Jahrgangsstufe auf spielerische Weise die englische Sprache näher zu bringen.

Vertreter der Sportvereine sprechen uns an, weil sie ihre Sportart den Kindern vorstellen und dafür Interesse wecken wollen. Auch Mitglieder des OGV (Obst- und Gartenbauverein) beteiligen sich gerne mit interessanten Beiträgen rund um die Natur am Projekt „Ganztagsschule".

Eine sehr engagierte Schülermutter, die gerade eine Ausbildung zur Entspannungstrainerin absolviert hat, möchte nach Abschluss ihrer Ausbildung gerne ihre Kenntnisse und Erfahrungen zu diesem wichtigen Bereich im Schulalltag an die Kinder weitergeben.

Darüber hinaus wenden sich aber auch Eltern an uns, um einen Beitrag zu bestimmten unterrichtlichen Themen beizusteuern. So vermittelte eine Mutter, die selbst während ihrer Studienzeit ein Jahr in Südafrika gelebt hat, den Schulkindern im Rahmen eines Afrika-Projekts vielfältige Einblicke über dieses exotische Land.

Wertschätzung unserer externen Partner
- Würdigung ihrer Arbeit
- Runder Tisch, gemeinsame Treffen
- Erwähnung im Mitteilungsblatt, Homepage der Schule, lokale Presse
- Verständnis einer „Schulfamilie"

Unsere Zusammenarbeit mit den externen Partnern ist von gegenseitigem Respekt und offenem Umgang miteinander geprägt. Wir würdigen ihre engagierte Arbeit, indem wir uns in regelmäßigen Abständen am runden Tisch zum gegenseitigen Gedankenaustausch zusammensetzen. Ihre Aktionen werden im Mitteilungsblatt der Gemeinde Nittendorf vorgestellt, sie sind in der Homepage unserer Schule präsent und werden in der lokalen Presse beschrieben.

Da wir uns als „Schulfamilie" verstehen, nehmen wir uns für unsere Partner Zeit und so sind es die kleinen Gesten – die persönliche Karte zum Weihnachtfest oder anlässlich von Geburtstagen – durch die sich unsere Kooperationspartner angenommen und als Teil eines Gesamtprojekts fühlen.

Externe Partner an unserer Schule/Angebote der externen Partner

Von Anfang an war es für uns Lehrkräfte sehr wichtig, alle externen Partner in die Schulfamilie aufzunehmen: An einem runden Tisch werden in regelmäßigen Abstände alle diese Mitarbeiter eingeladen, um ihnen Gelegenheit zum Gedankenaustausch zu geben. Sie haben die Möglichkeit, in „Schnupperstunden" Sicherheit im Umgang mit Kindern zu gewinnen, Fragen zu stellen und vorab die Schulkinder kennen zu lernen. Wir nehmen die Wünsche unserer externen Partner ernst, aber auch sie kommen mit Anregungen auf uns zu: So bietet etwa der OGV Undorf Vorbereitungsseminare mit praktischen Ideen und Vorschlägen zur AG Gestaltung an. Unsere externen Partner entsprechen auch gerne der Bitte der Schule, bei Exkursionen in den Wald oder auf die Wiese, als zweite Begleitperson zur Verfügung zu stehen.

Einige externe Partner sind ganzjährig fest eingeplant, wie etwa im Bereich der Freizeitgestaltung oder der Ausgabe des Mittagessens, andere externe Partner haben temporäre Einsätze. Für alle externen Partner gilt: Sie kümmern sich eigenverantwortlich um Vertretungen, sollten sie krankheits- oder berufs- und terminbedingt einmal ihre Aufgaben nicht wahrnehmen können.

Sie übernehmen auch die Aufsicht während der am Nachmittag zwischen den Unterrichtsstunden stattfindenden Pause. Aber generell liegt die Verantwortung bei der Schulleitung, was sich an unserer Schule als sinnvolle Regelung erwiesen hat. Aber daraus resultiert auch die Tatsache, dass unsere Schulleiterin, Frau Ingrid Haunschild, im kommenden Schuljahr 2012/13 an drei Nachmittagen in der Woche an der Schule präsent sein wird!

geplante Klasse 1g	Klasse 3g	Klasse 4g
	Tennis	Judo
Englisch	Bogenschießen	Volleyball
Kinderturnen	Volleyball	Schach
Musikschule	Fußball	Philosophieren
Theater	Theater	Theater
Blockflöte	Musikschule	Musikschule
Entspannungstraining	Entspannungstraining	Entspannungstraining
	Eltern-Experten	Eltern-Experten
	Waldexperten	Wald-Experten
	Kind und Natur	Kind und Technik
	Orff-Gruppe: Mini Teenies	Orff-Gruppe: Mini Teenies

Dieser Überblick zeigt ein vielschichtiges Spektrum von unterschiedlichen Aktivitäten und Angeboten, an denen unsere Schulkinder im Verlauf eines Schuljahres teilnehmen. Neben den sportlichen Aktionen werden sowohl musische und kreative, aber auch wissenschaftliche und technische Interessen der Schülerinnen und Schüler angesprochen und gefördert.

Einbindung der externen Partner in den Unterrichtsbetrieb der Ganztagsklassen

Uhrzeit	Montag	Dienstag	Mittwoch	Donnerstag	Freitag
8.00 - 8.45	Soziales Lernen	Mathematik	Deutsch	HSU	Deutsch
8.45 - 9.30	Deutsch	Deutsch	Mathematik	Deutsch	Mathematik
9.30 - 9.45	Pause				
9.45 – 10.30	Mathematik	Rk / Rev / Eth	Kunsterziehung	Mathematik	HSU
10.30 – 11.15	Musikerziehung	Sporterziehung	Förderunterricht	Rk / Rev / Eth	Sporterziehung
11.15 – 11.30	Pause				
11.30 – 12.15	HSU	Intensivierung	Intensivierung	Englisch	Rk / Rev / Eth
12.15 – 13.30	Mittagessen; soziales Lernen; Freizeit; Gesundheitserziehung				
13.30 – 14.15	Intensivierung	WTG	AG musische Erziehung AG PC	Deutsch	
14.15 – 15.00	Englisch	WTG	AG PC AG musische Erziehung	Musikerziehung	
15.00 – 15.15	Pause				
15.15 – 16.00	Sporterziehung	AG Sport AG Natur / Technik	AG Literatur AG musische Erziehung	Intensivierung	

Im Stundenplan sind die Einsatzzeiten unserer externen Partner farblich gekennzeichnet. Sie beginnen im Allgemeinen mit der Ausgabe des Mittagessens, bzw. mit der Freizeitgestaltung im Wechsel mit den beiden Ganztagsklassen. An den Nachmittagen gestalten Lehrkräfte unserer Schule abwechselnd mit den externen Partnern, die größtenteils berufstätig sind und in ihrer Freizeit die Schulkinder betreuen, den Unterricht in den Ganztagsklassen.

In der Regel finden Konferenzen und Fortbildungsveranstaltungen an unserer Schule an Terminen statt, die auf die „unterrichtsfreien" Nachmittage fallen, um auch den Lehrkräften der Ganztagsklassen bzw. den jeweiligen Fachlehrern die Teilnahme daran zu ermöglichen. Sehr selten kann es jedoch vorkommen, dass terminbedingt die externen Partner diese Stunden übernehmen. Wie bereits erwähnt, sorgen auch die externen Partner selbständig für Vertretungen, falls sie krankheits- oder termin- und berufsbedingt ihre Aufgaben nicht wahrnehmen können.

Möglichkeiten und Chancen durch den Einsatz externer Partner
- Förderung von Selbsttätigkeit
- Anbahnung von vernetztem Denken bei den Schülern
- Kennenlernen differenzierter Aspekte von Lerninhalten
- Bereicherung durch ein differenziertes Freizeitangebot
- Verständnis der externen Mitarbeiter als Lernbegleiter

Die Erfahrungen, die wir mit den externen Partnern und deren Einsatz in den Ganztagsklassen gemacht haben, sind durchwegs positiv und die Möglichkeiten und Chancen, die sich dadurch für unsere Schulkinder ergeben, sind selbsterklärend und stellten in der Vergangenheit eine Bereicherung für die Schülerinnen und Schüler in allen oben genannten Bereichen dar, so dass wir auch für künftige Ganztagsklassen gerne und voller Vertrauen wieder auf unsere bewährten externen Partner zugehen werden.

Input – Output
- Öffnung der Schule
- Transparenz
- Enge Kooperation mit der Kommune
- Finanzierung der externen Partner

- Gedankenaustausch
- Zusammenarbeit und Transparenz
- Einbringung individueller Fähigkeiten und Kenntnisse

Die enge Kooperation mit der Kommune hat sicherlich viel zum guten Gelingen des Ganztagsprojekts beigetragen: So liegt die Finanzierung der externen Partner in der Hand der Gemeinde. Der Bürgermeister, der Geschäftsführer und Vertreter der Bauabteilung besuchen in regelmäßigen Abständen unsere Schule, um gemeinsam unsere Erfahrungen und Anregungen für künftige Unterrichtsaktionen zu diskutieren.

Die Zusammenarbeit mit der Kommune beinhaltet aber auch Transparenz, wenn es um es weitere finanzielle Belange, wie die Bezahlung von Kulturfahrten nach Regensburg, Unterrichtsmaterialien und Zuschüsse für diverse Projekte.

Abschließend können wir auf viele positive Erfahrungen bezüglich der Zusammenarbeit mit unseren externen Partnern zurückschauen. Mit ihrem engagierten, inspirierendem Einsatz wurden sie zu motivierten Begleitern der Lernenden, zur vielschichtigen Förderung unserer Schulkinder im Sinne einer aufgeschlossenen Schulfamilie.

In diesem Sinne möchten wir unseren Vortrag in Anlehnung an das pädagogische Verständnis Heinrich Freiherr von Steins schließen:

„Diesen Weg zur optimalen individuellen Unterstützung unserer Kinder gehen wir gemeinsam als Lehrkräfte, die sich mit den Eltern als Lernbegleiter verstehen, aber auch der gesamten Mitarbeiterschaft an unserer Schule, die nicht auf den ersten Blick als Teil des Lernprozesses sichtbar ist, aber dennoch maßgeblich an diesem teilhat."

Bildnachweis
Die Quelle des verwendeten Bildmaterials ist privat.
Die Zustimmung der abgebildeten Personen bzw. die Zustimmung der Erziehungsberechtigten eventuell abgebildeter minderjähriger Personen liegt vor.

Zu den Autorinnen
Ingrid Haunschild leitet die Grundschule Nittendorf.
Renate Ahlmer ist Klassenlehrerin und arbeitet als Tandem-Lehrerin in den Ganztagsklassen der Grundschule Nittendorf.

Irmgard Keefer, Kornelia Zaloga

Unterrichtsergänzende Angebote in einer gebundenen Ganztagsschule durch externe Partner (Best-Practice-Beispiele)

Die Christian-Sammet-Schule in Pegnitz ist eine Mittelschule mit derzeit 361 Schülern (Stand 2011/12), davon werden 89 in den vier Ganztagsklassen unterrichtet. Wir bieten seit 1999/2000 einen M-Zweig ab der 7. Jahrgangsstufe an und sind seit 2010/11 die erste „Mittelschule mit dem Schwerpunkt Musik" in Oberfranken. 2008/09 wurde beginnend mit einer 5. Klasse der Ganztagsbetrieb aufgenommen. Unsere ersten Ganztagsschülerinnen und -schüler besuchen im kommenden Jahr die 9. Jahrgangsstufe, womit der anvisierte Ausbau abgeschlossen ist. Unser Ganztagsangebot findet – sowohl bei Eltern als auch bei den Schülern – nach wie vor sehr guten Anklang. Wir haben mehr Neuanmeldungen als wir tatsächlich aufnehmen können.

Vor dem Hintergrund der familiären und sozialen Situation, aus welcher die Kinder und Jugendlichen zu uns kommen, wissen wir, dass in den Elternhäusern vieles nicht mehr geleistet wird und geleistet werden kann. Eine sinnvolle Freizeitgestaltung wird oft nicht mehr vermittelt. Bei unseren Freizeitangeboten sollen die Kinder bewusst Alternativen zu Computer und Fernseher kennen – und im Idealfall auch lieben lernen. Dabei möchten wir auch einen Beitrag zu einer gesunden Persönlichkeitsentwicklung unserer Schützlinge leisten. Folglich ist unser Angebot viel mehr als eine reine „Bespaßung am Nachmittag".

1. Pädagogische Zielsetzung unserer unterrichtsergänzenden Angebote

- Verlässliche und kompetente Betreuung und Förderung der Schülerinnen und Schüler am Nachmittag auch zur Unterstützung und Entlastung der Familien

- Vermittlung sozialer Kompetenzen wie Team-, Konflikt- und Konfliktlösungsfähigkeit
- Sensibilisierung für alles Wahre, Gute und Schöne; Vermittlung von Grundwerten (Werteerziehung)
- Stärkung des Selbstwertgefühls der Heranwachsenden
- Verbesserung der Ausbildungsfähigkeit: Durch individuelle Förderung, Verringern von Defiziten
- Besondere Begabungen unterstützen: Kreativität fördern und Zeit und Raum für musische und sportliche Aktivitäten bereitstellen
- Bewegung und gesunde Ernährung als wesentliche Elemente einer gesunden Lebensweise vermitteln
- Einen verantwortungsbewussten Umgang mit Medien anbahnen

2. Praktische Umsetzung

Da diese Ziele im Unterricht nur bedingt umsetzbar sind (Zeitdruck, Lehrplandruck, große Klassen...) kommt den unterrichtsergänzenden Angeboten eine umso höhere Bedeutung zu. Der Ergänzungsunterricht wird bei uns zu einem Großteil von *externen Partnern* getragen, nämlich der VHS Pegnitz, der Abenteuerwerkstatt Betzenstein und diversen Einzelpersonen. Hinzu kommen noch die Angebote, die von Lehrkräften der Schule, also von *internen Kräften*, angeboten werden.

Um eine effektive Arbeit zu gewährleisten erschien es uns sinnvoll, die Klassen in den unterrichtsergänzenden Stunden möglichst konsequent zu halbieren. In der Praxis heißt dies, dass die Fachkräfte mit überschaubaren Schülergruppen von 11 bis 14 Schülern arbeiten. Die andere Hälfte der Klasse ist in dieser Zeit meist in der Obhut von Lehrkräften (etwa in betreuten Arbeitsstunden) oder besucht zeitgleich eine andere Arbeitsgemeinschaft.

Aus unseren oben genannten Zielsetzungen ergeben sich vier Bereiche, die wir durch unterrichtsergänzende Angebote abdecken wollen. Dabei gibt es Arbeitsgemeinschaften, die für alle Schülerinnen und Schüler zugänglich sind und auch solche, die nur unseren Ganztagsschülern angeboten werden.

2.1 Musisch-künstlerische Angebote

Offen für alle Schüler sind der *Schulchor*, die *AG Blechbläser*, diverse *Instrumentalunterrichte* (Klavier, Keyboard, Gitarre, E-Gitarre, Schlagzeug, Geige), die *AG Schulband*, zwei *Theatergruppen* sowie eine *AG Kreatives Werken*.

Die *Tanzgruppe* ist den Ganztagsschülern der siebten Jahrgangsstufe vorbehalten.

Sehr gute Erfahrungen haben wir mit den *Kunstkursen der VHS Pegnitz* gemacht. Ein ortsansässiger Künstler führt die Kinder der fünften Klasse in die Technik des Aquarellmalens ein und festigt deren Können in einem Aufbaukurs in der sechsten Jahrgangsstufe. Durch Herrn Welzels fachkundige Hilfe erzielen alle Kinder gute Erfolge und sind mit Begeisterung dabei. Einige Kinder belegten im Anschluss privat weitere Aquarellmalkurse bei der VHS.

2.2 Sportliche und gesundheitsfördernde Angebote

Neben diversen Schulsportangeboten (vorwiegend für die siebte und achte Klasse) haben unsere Ganztagsschüler ein jährlich wechselndes Programm an sportlichen Aktivitäten durch die VHS. Die Fünft- und Sechstklässler durften in diesem Schuljahr an folgenden Kursen teilnehmen:

In *Selbstverteidigung* lernen die Kinder sich zu behaupten, Konflikte zu lösen und sich im Ernstfall zu verteidigen.

Life Kinetik ist ein Kurs, in dem die Kinder lernen ihr Gehirn zu trainieren. In spielerischen Übungen werden die beiden Gehirnhälften aktiviert und koordiniert. Dies ist Grundlage für eine Verbesserung der Konzentrations- und Auffassungsfähigkeit.

Slacklining, eine Trendsportart ähnlich dem Seiltanzen, fordert von den Schülern ein Zusammenspiel aus Balance, Konzentration und Körperkoordination. Die Schüler üben das Slacken vorwiegend im Freien.

Nordic Walking macht die Kinder mit den Grundregeln des Walkens vertraut. Unsere Partnerin von der VHS Pegnitz geht mit den Kindern fast bei jedem Wetter ins Freie. Gelernt wird aber nicht nur das Laufen mit Stöcken. Vielmehr machen die Schülerinnen und Schüler zahlreiche Übungen zur Verfeinerung der Motorik und der Koordination.

Ebenso werden die Kinder und Jugendlichen in die Grundlagen der *gesunden Ernährung* eingeführt.

Der Leiter dieses Angebots bespricht mit den Schülern den Wert von Nahrungsmittel und die Bedeutung von gesunder Ernährung. Natürlich wird auch viel gekocht.
Im vergangenen Jahren gab es einen Kurs *Akrobatik* sowie *Yoga*.

2.3 Medienkompetenz steigernde Angebote
Hier müssen wir selber noch stärker aktiv werden. Bisher fanden zwei Kurse statt:
In der fünften. Jahrgangsstufe wurden die Schüler im *Umgang mit WORD* geschult. Seit dem letzten Schuljahr lernen allerdings alle Fünftklässler das Tastschreiben, sodass der Kurs „Word" wieder ausgesetzt wurde.

Sicherheit im Internet für die siebten und achten Klassen sollte den Schülern bei Problemen im Internet helfen bzw. sie sensibilisieren, Fehler dort gar nicht erst zu machen. Die Schülerschaft lernte, wie man sichere Passwörter erstellt, sich vor unliebsamen Besuchern in Chatrooms schützt, sich selber darstellt, geltendes (Urheber-)Recht nicht verletzt und anderes mehr.

2.4 Sozialkompetenz steigernde Angebote
In diesem Bereich liegt unser pädagogischer Schwerpunkt. Regelmäßig in den sechsten Jahrgangsstufen leitet Frau Gräf, eine Pädagogin der katholischen Kirche, den Halbjahreskurs *Gewaltprävention*. Die Schüler trainieren den friedlichen Umgang miteinander, sie lernen, sich gegenseitig zu vertrauen, zu helfen, Verantwortung zu übernehmen und Konflikte richtig zu lösen. In Kleingruppen besuchen die Schüler Kindergärten oder Altersheime und gestalten dort selbstständig Nachmittagsprogramme.

Das Gegenstück dazu, *Typisch Mädchen / Typisch Junge*, ist den Siebtklässlern vorbehalten. Die Inhalte sind dem vorgenannten ähnlich, jedoch stärker auf die Prozesse des Erwachsenwerdens ausgerichtet.
Zwei Pegnitzer Rettungssanitäter bilden unsere Sechstklässler zu *Schulsanitätern* aus.

Alle Sechstklässler müssen zunächst eine fundierte Ausbildung in Erster Hilfe absolvieren. Die Weiterbildung zum Schulsanitäter ist allerdings freiwillig und auch leistungsorientiert. Um es den Schülerinnen und Schülern zu ermöglichen, aus diesem Aufbaukurs auszusteigen, wurde „Gewaltprävention" im Stundenplan parallel gelegt.

Sehr beliebt bei den Schülern der fünften und siebten Klasse sind die Angebote der Abenteuerwerkstatt Betzenstein, nämlich die Arbeitsgemeinschaften Abenteuer und Fit for Life. Ein Team aus jungen Pädagogen, Sportlern und Handwerkern führt ein durchdachtes, erlebnispädagogisch orientiertes Sozialkompetenztraining mit den ihnen anvertrauten Schülern durch.

Ziel des ganzjährigen Kurses ist es, die Lern- und Leistungsmotivation, die Fremd- und Selbstwahrnehmung, Selbstsicherheit, Kritik-, Konflikt- und Kommunikationsfähigkeit zu fördern sowie Werte zu vermitteln.
Lernspiele, Basteln, Diskussionen, Gruppenarbeiten, Rollenspiele, sportliche Aktivitäten u.a. wechseln sich ab.

Die Highlights des Jahres sind die beiden ganztägigen Aktionen: Kanufahren auf der Wiesen und Klettern im Kletterpark!

Hier können die Kinder deutlich zeigen, dass sie ihre Grenzen kennen, sich trauen, „Nein" zu sagen, aber auch ihre Ängste überwinden können.

Unsere Sozialkompetenz steigernden Angebote haben, so stellen wir immer wieder fest, einen sehr positiven Einfluss auf das Verhalten einzelner Schüler, aber auch auf den Teamgeist in den Klassen. Diese Positivwirkung ist umso deutlicher und dauerhafter, je intensiver die Fachkräfte und der Klassenleiter zusammenarbeiten.

3. Zeitlicher Rahmen unserer Ergänzungsangebote

Wir lassen unsere AGs frühestens nach der vierten Stunde beginnen, da sie auch der Rhythmisierung des Tagesablaufes dienen sollen. Außerdem sollten Hausaufgaben für die Hälfte der Klasse vorliegen, welche zeitgleich das parallel dazu ablaufende „Betreute Arbeiten" (BA) besuchen.

3.1 AGs über das gesamte Schuljahr

Schülergruppen wechseln nach 45 oder 90 Minuten.
Die Abenteuerwerkstatt Betzenstein arbeitet dieses Jahr am Dienstag in der fünften Klasse in der fünften/ sechsten Stunde mit einer Klassenhälfte, während die andere „Hausaufgaben" erledigt. Nach der Mittagspause wird dann gewechselt. Solche Doppelstunden sind nicht unbedingt immer ideal, kommen jedoch in der Regel den Externen entgegen.

3.2 AGs in Blöcken (VHS), sechs bis acht Wochen, bis zu den nächsten Ferien

- Die VHS Pegnitz e.V. bietet zurzeit bei uns montags einstündige Kurse im Wechsel mit Betreutem Arbeiten an.

- In der fünften Jahrgangsstufe sind bei uns doppelstündig VHS-Kurse im Wechsel mit einem anderen VHS-Kurs üblich. Hier sollen alle Schüler verschiedene Betätigungsfelder einmal ausprobieren. Der genaue Ablaufplan wird von der VHS erstellt. Differenzierter Sport kann auch parallel stattfinden, ist dann folglich aber nur einstündig.

4. Schlussbemerkungen

Wir haben ihnen unsere Best-Practice-Beispiele vorgestellt. Diese sind als Anregungen zu verstehen.
Jetzt sind Sie gefordert für Ihre Schule geeignete Angebote, die auf das Interesse ihrer Schüler stoßen könnten, zu finden. Anlaufschwierigkeiten gab es auch bei uns. Gerade externe Partner, die aus der Erwachsenenbildung zu uns kamen, mussten sich erst neu auf unsere Schüler einstellen.

„Hauptschulresistente Kräfte" kristallisierten sich schnell heraus. Die meisten mussten ihr Konzept neu- oder umschreiben. Wir haben auch Dozierende, die sich für die Arbeit mit Kindern und Jugendlichen speziell weiterbilden ließen. Dieser Mehraufwand muss aber nur im ersten Jahr geleistet werden und zahlt sich später aus.

Anfangs brauchen die externen Kräfte oft Unterstützung und Ermutigung durch uns, damit sie nicht gleich die „Flinte ins Korn werfen". Stellen sie sich den Herausforderungen, dieser anstrengenden Aufgabe, so arbeiten sie zunehmend gerne mit unseren Schülern und sehen auch für sich einen Erfolg.
Auch in diesem Bereich sollte man sich ständig neuen Erfordernissen und Gegebenheiten anpassen, neue Angebote dazu nehmen und noch nicht bewährte überarbeiten oder ganz aus dem Programm nehmen. Die meisten unserer ersten Fünftklässler waren z.B. mit 90 Minuten Englisch mit einem „Native Speaker" einfach überfordert. Unsere ersten Versuche mit Yoga scheiterten nicht zuletzt an den räumlichen Gegebenheiten. Für das nächste Jahr planen wir AG-Nachmittage für die ganze Schule einzurichten, um den Ganztagsschülern den Zugang zu Angeboten außerhalb des Ganztagsangebotes zu erleichtern. Nicht zuletzt wollen wir sie auch enger ins Schulleben der ganzen Schule einzubinden.

Eine enge *Kooperation der Klassenleitung mit den Externen* ist gefordert. Nicht nur um Defizite und Interessen der Schüler auszuloten, sondern auch zur Unterstützung bei Disziplin- und anderen Problemen. Sanktionsmaßnahmen, z.B. entsprechend der Haus- / Schulordnung, sollten auch externen Kräften offen stehen. Bei wiederholtem Fehlverhalten kann ein Schüler auch von einem Angebot ausgeschlossen werden. Einzelne Externe hatten und haben z. T. eklatante Disziplinprobleme mit einzelnen Schülern. Dann ist es ein großer Vorteil, wenn im Idealfall der Klassenlehrer gleichzeitig die andere Hälfte der Klasse unterrichtet und sofort deeskalierend eingreifen kann.

Eine bei Eltern und Schülern durchgeführte Evaluation zum Ganztagsangebot an unserer Schule zeugt von einer hohen Zufriedenheit und ermuntert uns, auch in Zukunft den eingeschlagenen Weg weiterzuverfolgen. Wir haben vor Ort sehr kompetente und zuverlässige externe Partner gefunden. Diesen gilt unser Dank ebenso wie allen Kolleginnen und Kollegen, welches das Konzept für das Ganztagesangebot an unserer Mittelschule im Vorfeld erarbeitet, inzwischen umgesetzt und mit ihren Ideen und ihrem Engagement ständig weiterentwickelt haben.

Bildnachweis

Die Quelle des verwendeten Bildmaterials ist privat.
Die Zustimmung der abgebildeten Personen bzw. die Zustimmung der Erziehungsberechtigten eventuell abgebildeter minderjähriger Personen liegt vor.

Zu den Autorinnen

Irmgard Keefer ist Lehrerin an der Christian-Sammet-Schule in Pegnitz.

Kornelia Zaloga ist Lehrerin an der Christian-Sammet-Schule in Pegnitz.

Programm der Tagung
„Qualitätsentwicklung an Ganztagsschulen"

Datum: 01./ 02. März 2012

Tagungsort: Rathaus und Herder-Gymnasium in Forchheim/ Oberfranken

Veranstalter: Bamberger Zentrum für Lehrerbildung (BAZL); Lehrstuhl für Schulpädagogik der Otto-Friedrich-Universität Bamberg; Bayerisches Staatsinstitut für Schulqualität und Bildungsforschung; FOrsprung e.V.

Programm – Donnerstag, 1. März 2012

Uhrzeit	Programm
Ab 08:30	Anreise, Empfang der Tagungsunterlagen
10:00 Uhr	Begrüßung: • Prof. Dr. Sibylle Rahm (Leiterin des BAZL) • Stv. Landrat Georg Lang (Landkreis Forchheim) • OStDin Lieselotte Rall-Weiß (Herder-Gymnasium Forchheim) • Prof. Dr. Godehard Ruppert (Präsident der Universität Bamberg) • OStD Arnulf Zöller (Stellvertretender Direktor des ISB) • SchAD Wolfgang Blos (1. Vorsitzender FOrsprung e. V.)

10:45 Uhr	**Dr. Natalie Fischer** (DIPF, Frankfurt): Studie zur Entwicklung von Ganztagsschulen (StEG) – Ergebnisse und Konsequenzen
11:45 Uhr	**Rainer Schweppe** (Stadtschulrat der Stadt München): Qualitätsvolle Ganztagsschulen brauchen Raum und Zeit
12:45 Uhr	Mittagspause
14:15 - 15:30	Referat 1: **Dr. Silvia Dollinger**: Schulentwicklung an Ganztagsschulen Referat 2: **Prof. Dr. Sybille Rahm**: Erwartungen an Ganztagsschulen Referat 3: **Dipl. oec. troph. Susanne Dobelke**: Prävention statt Reparatur – Einführung einer qualitativ hochwertigen Mittagsverpflegung mit Erfahrung aus der Modellregion Landkreis Coburg Stationen/Workshops: Qualitätsentwicklung in schulischen Einzelbereichen – Good-Practice-Beispiele

15:30 Uhr	Kaffeepause
16:00 - 18:00	Referat 4: **Dr. Ursula Weier**: Ganztagsschule: Qualitätskriterien und Qualitätsentwicklung Referat 5: **Antonie Beck /Andreas Keim**: Individuelle Förderung am Ganztagsgymnasium Referat 6: **Dr. Cornelia Rauscher**: Mit Expertenhilfe zur besseren Schulverpflegung – Qualitätssicherung in der Mittagsverpflegung mit Erfahrung aus dem Modellprojekt Coaching Stationen/Workshops: Qualitätsentwicklung in schulischen Einzelbereichen – Good-Practice-Beispiele
18:00 Uhr	• Altstadtführung durch Forchheim • Führung in der Kaiserpfalz • Historischer Rathaussaal: Vorstellung durch OB Franz Stumpf, anschließend: „Ganztagsschule im Dialog mit der Bildungspolitik" Polit-Talk mit Bildungspolitikern der Landtagsfraktionen Teilnehmer: MdL Eduard Nöth, CSU; Dr. Simone Strohmayr, SPD; MdL Thomas Gehring, Bündnis90/Die Grünen; MdL Renate Will, FDP; MdL Günther Felbinger, Freie Wähler; Moderation: Gerhard Koller

Programm – Freitag, 2. März 2012

Uhrzeit	Programm
Ab 07:30	Anmeldung
08:00 Uhr	Abfahrt zu den Schulen (individuelle Anreise) Besuch von Ganztagsschulen verschiedener Schularten in der Stadt und im Landkreis Forchheim: Besichtigung von Räumen, Gespräche mit Schulleitungen, Lehrkräften, schulischen Partnern, Eltern, Schülern
09:30 Uhr	Referat 1: **Claus Binder**: Kooperation mit externen Partnern – Chancen und Grenzen Referat 2: **RSR Einhauser, Regensburg**: Die Entwicklung einer Ganztags(real)schule
10:30 Uhr	Kaffeepause mit Imbiss
11:00 Uhr	**Dr. Ilse Kamski** (Universität Dortmund): Veränderte Lernkulturen in der Ganztagsschule!? – Von „Haus"aufgaben über „Schul"aufgaben zu Lernzeiten und Förderbändern
12:00 Uhr	Abschlussdiskussion: Ganztagsschule – neue Qualität und Entlastung für die einzelne Lehrkraft: Voraussetzungen – Grenzen – Möglichkeiten: Ein Gespräch mit Praktikern

	TeilnehmerInnen: **Dr. Cordula Haderlein**, Adalbert-Stifter-Schule Forchheim (GS/HS/MS) **Michael Koch**, Mittelschule München **Johann Wolfgang Robl**, Staatliche Realschule Ismaning (RS) **Gert Weiß**, Ministerialbeauftragter GY Ufr. (GY) Moderation: **Dr. Ursula Weier**, ISB
12:45 Uhr	Verabschiedung der TeilnehmerInnen

Workshops

Claudia Kreutzer, BJR
Qualitätsmerkmale schulbezogener Jugendarbeit aufgezeigt an den aus dem Fachprogramm des Bayerischen Jugendring geförderten Projekten

Peter Ruch, Luisen- Gymnasium München
Verpflegungskonzept („Pädagogisches Kochen") / Schülermitwirkung

Bischof Manfred Müller Schule Regensburg
Wohltuend für Schüler, Eltern und Lehrkräfte – die „Wochenplanarbeit". Die „Freie Stillarbeit" ersetzt den Großteil der täglichen Hausaufgaben an einer gebundenen Ganztags- Mittelschule

Erich- Kästner- GS Postbauer- Heng
Konzeptentwicklung (auch veränderte Zeitstrukturen/ Rhythmisierung)

Johann- Andreas- Schmeller- RS München/ Ismaning
„Lernen, leisten, lachen – der Ganztag bringt`s"

Dr. Christa Horn - Kaiser- Heinrich- Gymnasium in Bamberg

Entwicklung der Unterrichtskultur in der Sekundarstufe/ Methodische Vielfalt, auch in der Arbeit mit externen Partnern

Mittelschule am Turm, Neustadt a. d. Aisch
Konzeptentwicklung oder veränderte Unterrichtskultur (Schwerpunkt: Kooperative Lernformen)

MS Waldsassen
Organisation der schulischen Lernzeit unter dem Aspekt der Hinführung zum selbständigen Lernen

VS Poppenreuth
Schwierige Schüler – Präventionsarbeit auch durch Freizeitgestaltung

Mittelschule Strullendorf
Leseförderung

Christian- Sammet- Schule- Pegnitz
Freizeitgestaltung mit externen Partnern

Mittelschule am Glasberg Mömbris
„eat ... and more – Schüler nehmen ihre Mittagsverpflegung selbst in die Hand" Die Schülerfirma der Mittelschule am Glasberg, Mömbris stellt ihr Verpflegungskonzept vor

Grundschule Nittendorf (Landkreis Regensburg)
Veränderte Unterrichtskultur (Kooperation mit Externen)

Bischof Manfred Müller Schule Regensburg
Neigungsgruppen und Arbeitsgemeinschaften – der Versuch der Rhythmisierung und Freizeitgestaltung an einer gebundenen Ganztags- Mittelschule

Obermenzinger Gymnasium
Reibung ist der Ausgang ... – Gedanken zur Ganztagsschulpädagogik

Otto- Schwerdt- Mittelschule Regensburg
Veränderte Unterrichtskultur/ Rhythmisierung (Schwerpunkt: Ganztagsschule als Bildungseinrichtung und Lebensort)

Mittelschule Hammelburg mit Schwerpunkt Musik
Bläserklassen im gebundenen Ganztag an der Mittelschule Hammelburg mit Schwerpunkt Musik

Mittelschule am Turm, Neustadt a. d. Aisch
Gestaltung zur Lernzeit – Von der Hausaufgabe zum Wochenplan

Kerstin Debudey (Adalbert- Stifter- Schule)
Der ganz andere Schultag. WaTrEx- Ein kirchliches Kooperationsprojekt

Richard- Wagner- Schule
Evaluierung des Angebots der Schulmensa im Zusammenhang mit der Ganztagsschule

ISO e. V.
Schwierige Schüler

Friedrich- Rückert- Volksschule (GS)
Förderung der Sozialkompetenz/ Umgang mit schwierigen Schülern

Mittelschule Strullendorf
Lernwerkstatt (D, Ma, Erdkunde)